—— 作者 ——

罗布·艾利夫

萨塞克斯大学学术史和科学史教授，《科学史》杂志编辑。曾发表过多篇有关早期现代史和科学史的学术文章。他还是一个有关牛顿的国际项目的编辑总监，该项目致力于整理出牛顿所有著作的完整电子版本。

A VERY SHORT
INTRODUCTION

NEWTON

牛顿新传

[英国]罗布·艾利夫 著
万兆元——译

译林出版社

图书在版编目（CIP）数据

牛顿新传 /（英）罗布 · 艾利夫（Rob Iliffe）著；万兆元译. —南京：译林出版社，2024.1(2024.10重印)
(译林通识课)
书名原文：Newton: A Very Short Introduction
ISBN 978-7-5447-6462-9

Ⅰ.①牛… Ⅱ.①罗… ②万… Ⅲ.①牛顿（Newton, Issac 1642 - 1727）- 传记 Ⅳ.①K835.616.11

中国国家版本馆 CIP 数据核字（2023）第 234666 号

著作权合同登记号 图字：10-2023-426 号

牛顿新传 ［英国］罗布·艾利夫 / 著 万兆元 / 译

责任编辑 王 蕾
装帧设计 孙逸桐
校 对 王 敏
责任印制 董 虎

原文出版 Oxford University Press, 2007
出版发行 译林出版社
地 址 南京市湖南路 1 号 A 楼
邮 箱 yilin@yilin.com
网 址 www.yilin.com
市场热线 025-86633278
排 版 南京展望文化发展有限公司
印 刷 徐州绪权印刷有限公司
开 本 850 毫米 × 1168 毫米 1/32
印 张 5.375
插 页 4
版 次 2024 年 1 月第 1 版
印 次 2024 年 10 月第 2 次印刷
书 号 ISBN 978-7-5447-6462-9
定 价 59.00 元

序　言

陆　埮

译林出版社的於梅编辑打来电话要我为该社即将出版的《牛顿新传》（英国罗布·艾利夫著，万兆元译）的中文译本写个序，并把书稿寄给了我。对于我们从事物理和天文工作的人来说，牛顿当然是这个领域的先驱人物，出版他的传记自然是一件有意义的事。

2005年被联合国规定为国际物理年，也可以叫作爱因斯坦年，标志性的事件是一百年前（1905）爱因斯坦在他二十六岁这一年内，发表了五篇划时代的物理论文，这一年被认为是爱因斯坦的奇迹年。那一年，他创建了狭义相对论、证明了$E=mc^2$、发表了光电效应（量子论的奠基性论文，诺贝尔奖获奖之作）和布朗运动（皮兰因用实验证明了爱因斯坦的布朗运动理论而获得诺贝尔奖）。谈起爱因斯坦，人们自然会同时提起牛顿，他们两人常常被相提并论。说来也巧，牛顿也有他的奇迹年，那是在他二十三至二十四岁期间（1665—1666），当时他刚从英国剑桥大学三一学院毕业在家躲避瘟疫。这两年，牛顿的科学思想十分活跃，遍及数学、光学和力学，几乎把他一生中大多数重要科学创造的蓝图都规划了出来。

牛顿的科学贡献主要在如下三个方面。1）数学方面：他发展了无穷级数理论，证明了二项式定理，求出了任意幂二项式的级数展开式，特别是创立了微积分。2）光学方面：他发现了分光现象，用三棱镜将太阳光进行分解，证明白光是由不同颜色（即不同波长）的光混合而成的，这一发现为光谱分析打下了基础。牛顿还把一个凸透镜的凸面，压在一个十分光洁的平面玻璃上，在白光照射下看到了明暗相间的同心圆圈，人称“牛顿环”。对于光的本性，牛顿还提出了光由微粒组成的学说。此外，他还首次制成了反射式望远镜，这在天文学上也具有里程碑的意义。3）力学方面：这是牛顿最主要的科学贡献。他提出了力学三定律，构成了完整的力学体系。他还发现了人类所知的第一种基本作用力——万有引力。无论是月亮绕地球运动，还是行星绕太阳运动，万有引力都是支配它们的唯一的一种力，而且与地面上物体所受的重力实属同一种力。万有引力的提出第一次显示了地上的规律和天上的规律实际上是统一的，因此，牛顿已经完全奠定了天体力学的基础。人们精确计算行星、卫星的运动，以及人们发射人造卫星，均需要依据这些规律。事实上，他不仅提出了力学定律，而且也提出了包括绝对时间、绝对空间在内的完整的经典力学框架。这是人类提出的第一个完整的科学体系。

科学的发展要有两个前提，一个是能提供正确理论分析的严格的逻辑，一个是能反映客观实际的观察和实验。在牛顿时代，这两个条件已经具备。古希腊的欧几里得几何学已经给出了严格逻辑体系的范例。伽利略、开普勒等已经开创了力学和天体力学的实验和观测工作。牛顿得以在他们的基础上完成了完整的低速度经典力学体系，系统地描述了物体的动力学行为。他是第一位集大成的科学家。他所处的时代和环境，必然还处于科学发展的早期，还存在着不少非科学甚或迷信的东西。在这样一种环境和氛围中，在这样一种科学发展的过渡时期，做出这样的科学贡献确实十分不易。20世纪上半叶，人们曾发现了一箱牛顿没有公开过的手稿，包括他的大量笔记、手稿和私人信件等资料。事实上，牛顿本人也存在着两面性，他不仅发表了《自然哲学的数学原理》和《光学》等著作，总结了他的科学贡献，也留下了五十多万字的炼金术手稿和一百多万字的神学手稿这些非科学的东西。当然，无论从他本人思想达到的程度，还是从他产生的客观效果来看，发表的与未发表的应当区别看待。

这本《牛顿新传》也收集了他的大量鲜为人知的新材料，可以让人们了解，科学是怎样艰难地一步一步地在非常复杂的社会背景中诞生出来的。

目　录

前　言

在维多利亚女王时代的英国，每个学童都知道艾萨克·牛顿爵士是一位无与伦比的数学天才和科学天才，而且大部分学童还能基本道出牛顿的主要科学发现。在光学上，牛顿发现白光并不是自然界中的基本元素，而是由几种更基本、更原始的光线混合组成的。物体之所以呈现出一定的颜色，是因为物体具有反射某些色光而吸收其他色光的属性。在数学领域，牛顿发现了二项式定理和微积分的基本定律。二项式定理用于展开两个变量之和的任何次幂，而微积分研究的是任意变量（一条曲线的形状或一个移动物体的速度）的瞬时变化率问题，同时也提供了计算曲线面积和曲面体积的技巧（当然还有其他用途）。牛顿在数学和光学上的成就过了好几十年才完全为他的同代人所接受，这首先是因为他只给少数几个同代人展示过自己的工作成果，其次是因为许多同代人感到他的工作成果难以让人重复，而且太具革新性，不易领会。

牛顿体系的辉煌巅峰在于他1687年出版的《数学原理》[1]。在

① 其全称是《自然哲学的数学原理》（*Philosophiæ Naturalis Principia Mathematica*），简称《数学原理》或《原理》。——本书注释均由译者添加，以下不再一一说明。

《原理》中，牛顿提出了运动三定律以及万有引力这一不可思议的概念。所谓万有引力，是指所有大质量物体都在根据一条数学定律不断地吸引其他一切物体。牛顿使用诸如“质量”与“引力”等全新的概念，以运动定律的形式宣布：（一）除非受到某种外力的作用，否则一切物体都将一直处于运动状态或静止状态；（二）一切物体所处状态的变化与引起此变化的力成比例，且与该外力的方向一致；（三）对于每一个作用力，总有一个大小相等而方向相反的作用力。对牛顿在该领域成果的后续研究形成了18世纪天体力学的基础，一门全新的、堪称正确的关于地球与天体的物理学（狭义相对论与广义相对论效应除外）由此诞生了。由此可见，绝大多数受过良好教育的人将牛顿视为理性之奠基者并不是没有道理的。

除此之外，维多利亚时代的人们也知道艾萨克爵士既是一个痴迷的炼金术士，也是一个激进的异教徒。为了理解牛顿生活与工作的这些匪夷所思的方面，当时的英国精英们可谓绞尽了脑汁。同时，一些证据还无可争议地表明牛顿对待多位同代人的方式应该受到谴责。从那以后，如何解释牛顿的人格以及如何调和牛顿工作的“理性”方面与“非理性”方面便一直挑战着历史学家们。另外，直到20世纪70年代，人们才有机会接触并认真研究牛顿的许多重要论文，这就意味着只有在过去二三十年中我们才有可能勾勒出一幅较为均衡的牛顿的工作图。

虽然人们早就知道牛顿有着这些显然是很古怪的兴趣，而且牛顿本人无疑认为这些研究要比他那些“更令人尊敬”的追求更有意义，但是近期一些流行的牛顿传记却不断地大肆渲染这些不那么正统的成分，就好像头一回描述这些东西似的。可是，这些传记既没有提出什么新的见解，也没有利用前些年才得以公开的、内容惊人的材料。大部分传记还夸张地声称牛顿智力活动的各个领域之间有着这样或那样的联系。为了纠正这些问题，这本介绍牛顿的书一方面吸纳了近期的学术研究成果，另一方面也利用了新近才得以公开的著作副本。这样一来，与近期那些传记中的形象相比，本书中所描绘的牛顿显得要奇怪得多。

第一章

一位爱国者

1727年3月20日（星期一）凌晨1点刚过，艾萨克·牛顿爵士便与世长辞，享年八十四岁。他从前一个星期六傍晚开始，就一直处于昏迷状态。在牛顿弥留期间，其私人医生理查德·米德在身旁负责照料。米德医生后来告诉伟大的法国哲学家伏尔泰，牛顿在临终前承认自己仍是处男之身。照顾牛顿度过临终时光的还有牛顿同母异父妹妹的女儿凯瑟琳及其丈夫约翰·孔杜伊特——后者在牛顿晚年充当过牛顿的私人助手。尽管事务缠身，孔杜伊特还是差不多一个人组织了悼念这位他最终得以认识的伟人的活动，而且我们现今所有关于牛顿私人生活的重要信息，几乎都是在孔杜伊特堪称壮举的监督之下收集起来的。1727年3月底，孔杜伊特操办了在威斯敏斯特教堂举行的牛顿的葬礼，并委托亚历山大·蒲柏撰写了牛顿的墓志铭。其后几年中，孔杜伊特授权当时英国和外国最伟大的艺术家给他心目中的英雄牛顿创作了无数的画像和半身塑像。

有好几年，孔杜伊特都在试图撰写一部翔实可靠的牛顿“全传”，但他始终未能完成这一任务。孔杜伊特曾详细记录了自己与牛顿的一些谈话。为了获得更多关于牛顿科学工作的细节，他还请几位相关人士给他寄来他们关于牛顿的回忆录。牛顿去世一周后，孔杜伊特给巴黎王家科学院的终身秘书伯纳德·德·丰特奈尔去信，提出愿意给这位法国人提供素材，以供其撰写牛顿的《颂词》之用。孔杜伊特认为这是一个可以确立牛顿在法国的声誉的机会——这个国家一直都极不情愿承认他的姻亲牛顿在科学与数学上的卓越造诣。实际上，一直到18世纪30年代晚期，牛顿的声誉才算在法国牢固地树立起来了。在牛顿刚去世的那段时间内，孔杜伊特特别关注的是：法国学者和其他外国学者应该意识到牛顿在创立微积分上的优先权。在当时，大多数法国学者都把这一荣誉归于博学多才的德国学者戈特弗里德·莱布尼茨。孔杜伊特于1727年夏天撰写了一篇牛顿的《传略》，并于7月间寄给了丰特奈尔。

孔杜伊特的《传略》追述了牛顿的智力探索与道德生活，其笔调或有溢美之嫌，不过内容基本属实。孔杜伊特形容牛顿"思想纯洁，言行无垢"：为人极为谦逊，心肠非常慈善，性情温顺可爱，常常会为一个伤心的故事而潸然泪下；热爱自由，热爱汉诺威王室乔治一世的政权，对迫害"深恶痛绝"，而善待人与动物更是"他津津乐道的心爱话题"。孔杜伊特还记述了牛顿早期在剑桥的发展历史，并对牛顿和莱布尼茨之间的优先权之争进行了一边倒的描述：莱布尼茨不仅没有最先创立微积分，而且"对微积分从未有过足够透彻的理解，无法将其应用于宇宙体系的研究之上，而艾萨克爵士则将其应用到了这一伟大而光荣的领域"。

图1　孔杜伊特自己设计的牛顿半身像。J.M.雷斯布拉克塑

1727年11月，丰特奈尔撰写的《颂词》在巴黎王家科学院宣读。丰特奈尔很好地叙述了牛顿在科学与数学上的发展，承认牛

顿所有的重大发明几乎都是他二十刚出头的那几年做出的。虽然丰特奈尔并不认同《原理》中提出的许多原则，尤其是“引力”的概念，但是他对《原理》的总体意义仍然赞不绝口。丰特奈尔意识到牛顿并不认同法国伟大的数学家和哲学家勒内·笛卡儿的许多理论，但他指出牛顿和笛卡儿都曾试图将科学建立在数学的基础之上，两人都是各自时代中独特的天才人物。这篇《颂词》被立即译成英文，并且在此后一个多世纪中成了牛顿所有英文传记所依赖的主要材料。

其他有关牛顿的著作也纷纷问世，其中之一就是威廉·惠斯顿的《真实记录集》。该书首次对牛顿“白衣骑士”[①]的光辉形象提出了公开挑战。惠斯顿继牛顿之后担任了剑桥大学的卢卡斯讲座教授，但在1710年因信奉宗教异端观点而被剑桥大学开除。实际上，惠斯顿的异端观点与牛顿的很接近。惠斯顿在书中首次披露了牛顿的极端神学观点，并拿牛顿“谨慎的性情和行为”和自己“公开的行为”进行对比，说牛顿“尽管生性非常胆怯、谨慎而多疑”，但终究还是未能隐藏他在神学上的重要发现。

还在读惠斯顿的著作之前，孔杜伊特就对丰特奈尔不偏不倚地比较牛顿和笛卡儿的做法以及丰特奈尔对优先权之争的处理感到恼火。《颂词》发表后，他立即于1728年2月再次写信给几位牛顿学说的信奉者，发出这样的呼吁：“由于艾萨克·牛顿爵士是

① 这里应是“卫士”或“救星”的意思。在骑士传奇中，白衣骑士原是一位农夫，后来变成一位骑士来保卫小镇，其主要对头是黑衣骑士。现在，“白衣骑士”常指目标企业为免遭恶意收购而找到的善意收购者。

一位爱国者，所以我以为人人都应为一部旨在替他伸张正义的著作贡献一份力量。”在孔杜伊特收到的回信中，最有意思的是来自汉弗莱·牛顿（与牛顿没有亲属关系）的两封信。汉弗莱做过牛顿的文书（秘书），对牛顿撰写《原理》期间（1684—1687）的行为有着独到的见解。根据汉弗莱的叙述，牛顿有时会“突然起立，转身，像阿基米得一样，一边喊着‘我找到啦’，一边跑上楼梯，扑到桌子上奋笔疾书，连扯把椅子坐下来都顾不上”。显然，那时的牛顿只会在家里有选择地接待一小部分学者，其中包括三一学院的化学讲师约翰·弗朗西斯·维加尼。按照凯瑟琳·孔杜伊特的说法，维加尼与牛顿相处甚欢，但自从维加尼“讲了一个关于修女的下流故事”之后，两人便不再友好了。

约翰·孔杜伊特从古物学家威廉·斯蒂克利那里收到了许多极其重要的资料。斯蒂克利是在牛顿去世前不久搬到格兰瑟姆镇去住的。由于牛顿在格兰瑟姆镇上过文法公学[①]，而且上学期间还在当地药剂师家寄宿过，所以该地是收集有关少年牛顿的信息的理想之处。1800年，斯蒂克利收集的一些资料结集出版，不过其中并没有多少孔杜伊特的文章。然而，到了19世纪早期，新出现的资料深刻地改变了人们对牛顿的看法。1829年，让-巴蒂斯特·比奥新出的一部牛顿传记被译成英文，书中揭示牛顿在17世纪90年代早期曾出现过精神崩溃。更具破坏性的是，在19

① 英国文法公学源于中世纪，旨在教授学童拉丁文法。到牛顿的时代，文法公学的课程内容扩大了，不仅包括希腊语等其他语言，而且还列入了自然科学、数学等科目。在当今的英国，文法公学提供中等教育，但不同于免试入学的综合中学，学生需要通过考试选拔才能入学。

世纪30年代，人们从首任皇家天文学家约翰·弗拉姆斯蒂德的文件中发现了接二连三的令人伤心的证据，让牛顿的行为在人们心目中黯然失色。此后，维多利亚时代的人开始竞相著书立说，论述牛顿的生平与著作。其中最重要的是戴维·布鲁斯特对自己的《艾萨克·牛顿爵士的生平》（1831）进行大幅修改之后出版的《艾萨克·牛顿爵士的生平、著作与发现实录》（1855）。该书成了此后一个多世纪中牛顿的权威传记。布鲁斯特勇敢地叙述了牛顿对炼金术的投入、牛顿的非正统宗教思想，以及牛顿对朋友和敌人经常表现出的粗俗行为，但他最终还是不愿充分承认牛顿人格方面的缺憾。

19世纪70年代早期，凯瑟琳·孔杜伊特的一位远亲后代，拥有牛顿论文手稿的第五代朴次茅斯勋爵做出一项慷慨决定：将牛顿的“科学”手稿捐献给国家。剑桥大学成立了一个委员会来评估这批收藏的价值，评估结果在1888年通过一份论文目录予以公布。那些包括炼金术内容与神学内容在内的“非科学论文”被普遍认为没有多少分量，所以仍旧留在朴次茅斯家族。1936年，这批论文在苏富比拍卖行被廉价甩卖，售价仅为少得可笑的九千英镑多一点。一家联合企业从交易商那里逐渐购得了牛顿的大部分神学论文，而这些论文后来又被一位研究闪族文献学的专家及收藏家亚伯拉罕·亚胡达全部买走。亚胡达1951年去世以后，他所收藏的数目惊人的牛顿论文在经历了一场持续近十年的官司之后，为耶路撒冷希伯来大学的犹太国家与大学图书馆所拥有——虽然亚胡达本人是一名反犹太复国运动者。

伟大的经济学家约翰·梅纳德·凯恩斯参加了那次苏富比拍卖会，并下功夫获取到了牛顿所有的炼金术论文以及约翰·孔杜伊特当初持有的所有“私人”文件。到1942年，也就是牛顿诞辰三百周年的时候，凯恩斯已经拥有了牛顿的绝大部分炼金术论文以及一部分神学短文。虽然为第二次世界大战忙得不可开交，凯恩斯还是根据自己拥有的材料做了一次发言，以此作为默默纪念牛顿诞辰三百周年活动的一部分。凯恩斯所描述的牛顿要比之前传记作家笔下的牛顿独特得多：作为“迈蒙尼德派的犹太一神论者”，牛顿既不是一位“理性主义者”，也不是“现代第一位科学家和最伟大的科学家”，而是

> 最后一位术士，最后一位巴比伦人和苏美尔人，最后一位伟大的智者：他的眼光与将近一万年前就开始构建我们文化遗产的那些人的眼光相同，他用这样的眼光来观察着这个可见的、理性的世界。

牛顿认为自然世界与晦涩文献一起组成了一个巨大的谜团。要解开这个谜团，则需要解码“上帝留在世间的一些神秘线索。上帝留下这些线索，是为了让哲学家能够像寻宝那样找到拥有秘传之识的同道会”。凯恩斯认为，牛顿有关炼金术和神学主题的著述“显然经过了认真的钻研，方法精确缜密，陈述极其冷静”，“简直就和《原理》一样**理性**”。

20世纪晚期最有影响的两部牛顿学术传记都大量利用了手

稿材料。弗兰克·曼纽尔1968年出版的《艾萨克·牛顿的画像》从心理分析的角度描述了牛顿的个性。曼纽尔的分析主要基于这样一个假设：牛顿的潜意识行为“主要会在爱与恨的情形下”表现出来。在曼纽尔看来，牛顿的心理问题根源于这一事实：他年仅三岁时母亲便再次嫁人。在此之前，牛顿已经失去了亲生父亲——他父亲在他出生前几个月就去世了。这让牛顿对他的继父充满了敌意。于是他便将自己献给了他能真心承认的唯一父亲——上帝。曼纽尔展示了牛顿小时候所遭受的精神创伤是如何被内化的，还有这位才华横溢而身世坎坷的年轻清教徒最后是如何变成18世纪早期那位老气横秋的暴君的。

理查德·S.韦斯特福尔1980年出版了更为正统的《永不歇息——艾萨克·牛顿的科学传记》。他在书中将牛顿的工作当作牛顿生活的主轴来叙述。韦斯特福尔充分利用了当时可供学者使用的大量牛顿手稿。他的《科学传记》虽然以牛顿的科学生涯“作为中心主题”，但也涉及牛顿兴趣所及的各种智力活动。韦斯特福尔非常出色地展示了牛顿的智力成就，但显而易见，他对牛顿这一方面的钦佩并没有延伸到牛顿的个人操行上。

最后，韦斯特福尔开始憎恶起这个他花了二十多年时间来研究其著作的人了，而他并不是第一个对这位伟人产生这种感觉的人。

第二章

哲学式玩耍

根据英国当时使用的历法，牛顿出生于1642年的圣诞节（在欧洲大陆的大部分地区是1643年1月4日）。在他出生后的头十年里，英国经历了可怕的内战。17世纪40年代，议会军与保皇军之间爆发战争，结果将查理一世于1649年1月送上了断头台。牛顿的舅舅和继父都是地方教区的教区长。在国会召集教会当局检查宗教“虐待”情况的过程中，他们两人似乎并没受到什么折磨。十多岁的时候，牛顿生活在激进的、信奉新教的共和政体下。到了1660年，查理二世复辟，共和政体被取代了。牛顿出身于一个相对殷实的家庭，在一种浓厚的宗教氛围中长大。牛顿的父亲也叫艾萨克，他是一个自耕农，在1639年12月继承了林肯郡伍尔索普教区的一片土地和一座很气派的庄园。牛顿的母亲汉娜·艾斯库来自下层乡绅家庭，似乎仅仅受过一点基本教育（不过这在那时是比较普遍的）。不过，她弟弟威廉却是17世纪30年代剑桥大学三一学院的毕业生。后来，在送牛顿去上三一学院的过程中，威廉发挥了很大的作用。

牛顿的父亲（他显然连自己的名字都不会写）死于1642年10月初，当时离儿子出生还有将近三个月时间。牛顿曾对孔杜伊特讲，他刚生下来时瘦小孱弱，一副病态，人们都认为他活不长久。家里打发两个妇人到当地一位贵妇那里寻求帮助，结果她俩却在半路上坐下来休息，因为她们肯定等自己返回时那个婴儿已经死了。然而，命运多舛的牛顿还是活了下来。母亲把牛顿抚养到三岁的时候，当地一位上了年纪的教区牧师巴纳巴斯·史密斯向她求婚。史密斯牧师很富有，他答应会给汉娜的头生子牛顿遗留一些土地，于是汉娜就在1646年1月和史密斯结婚了。从那以后，一直到史密斯1653年去世，汉娜大部分时间都和后一任丈夫生活在一起，而且为他生育了三个孩子（其中一个就是凯瑟琳·孔杜伊特的母亲）。虽然约翰·孔杜伊特用抒情的笔调描写了汉娜的品德，并且很细心地指出汉娜是一位对所有的孩子“都很溺爱的母亲”，但同时强调她最钟爱的还是小艾萨克。无论这话的真实性如何，来自牛顿自己的证据则表明他少年时与母亲的关系非常不好。此外，在长达七年的时间里，汉娜实际上都将牛顿留在伍尔索普由外婆抚养，历史学家一直觉得很难将这一事实与孔杜伊特的描述协调起来。

牛顿先后就读于当地的两所小学，十二岁后进入格兰瑟姆文法公学读书。他寄宿在当地的一位药剂师约瑟夫·克拉克家中。克拉克的药房成了牛顿获取信息的一个大好来源。克拉克的一位后代告诉威廉·斯蒂克利，牛顿对店中大量的药品和化学制品表现出了极大的兴趣。斯蒂克利写道，牛顿曾花了大量时间来收集药草，还很可能向克拉克的学徒了解过这些药草的属性。牛顿当时和克拉克的继子女生活在一起。这些继子女中有一位叫凯瑟琳——也就是后来的文森特夫人，她提供了有关这位神童的大量信息。斯蒂克利遇到的每个人都会向他叙说牛顿制造机器的“天赋和非凡的创造性”。他们这样告诉他：“放学后，牛顿不跟其他男孩一起玩耍，而总是在家里忙个不停，随心所欲地制作各种各样的小玩意儿和木头模型。”文森特夫人称自己就是那位年轻的发明家当年关注、爱慕的对象。根据她的记录，牛顿的同学“并不十分喜欢”牛顿，因为他们知道牛顿要比他们“心灵手巧得多”。小艾萨克“一直”都是“一个严肃、沉默寡言而善于思考的少年”。他从不跟男孩子一起玩耍，但偶尔会做一些玩具小屋中摆放的家具，给女孩子“摆放玩偶和悬挂小饰品”。

牛顿将母亲给他的钱都用来购置锯子、凿子、手斧、锤子之类的工具，并慢慢在格兰瑟姆建起了“一家齐备的工具店”。“他用起这些工具来得心应手，好像生来就会干这一行似的。”文森特夫人描述过的那些机器以及牛顿制作的其他机器，其设计构思大都源自约翰·巴特的《自然与艺术的奥秘》一书。《自然与艺术的奥秘》属于当时极为流行的“数学魔术”一类的书籍，其中包含了无数制作机器的法子和图画。那时的牛顿已不甘于按部就班地利用书中的信息，而总要大大发挥一番才行。由于不满足于按照巴特的描述复制一个简单的风车，牛顿曾专门跑到附近一个村子里观摩制造一架真正风车的过程。他“天天跟工匠们待在一起”，“非常准确地掌握了风车的制作机理，然后自己制作了一个真正的、完美的风车模型”。不仅如此，牛顿还超越了他的风车样板。他改变了风车的机理，竟让一只老鼠来驱动风车的翼板——老鼠为了够着谷物，只得不停地推动一只轮子。虽然给斯蒂克利提供信息的人对风车的准确机理有着不同的说法，但他们都一致说当时人们会从几英里外赶来观看艾萨克的“老鼠磨工”。斯蒂克利敏锐地指出，牛顿往往会专注于“滑稽的”（即“好玩的”）发明。除了老鼠磨工和玩偶家具之外，牛顿还研究过一个简单风筝的结构和尺寸，然后做了一个更好的风筝，拴上一个点燃蜡烛的灯笼放飞。这个风筝曾一度引起当地人的惊恐，给了他们许多茶余饭后的谈资。

牛顿还造了一个木钟，而且就像他制作风车和风筝那样，紧接着又造了一个更好的。改进后的木钟带有一个钟盘，由涓涓细流来驱动，而水是他每天早晨加进去的。这个木钟是牛顿用汉弗莱·巴宾顿送给他的一个箱子改做的。巴宾顿是克拉克夫人的弟弟（克拉克夫人是汉娜·史密斯的好友），他因为拒绝宣誓效忠共和政体而被三一学院开除。在以后的几十年中，巴宾顿将在牛顿的生活中扮演一个重要的角色。此外，牛顿还进一步发挥自己的艺术天分，着手制作复杂的日晷，在克拉克家房子外部的许多地方刻画了各种各样的时钟。根据斯蒂克利的记载，牛顿“画了长长的线条，在上面系上穿有滚球的长线；在墙上插入栓子，以标明小时、半小时以及一刻钟。凡此种种都显示了他思维的深度与广度”。牛顿还用这些线条做了一本“年历”，“根据线条就能知道是某月的第几日，太阳进入各宫的时间，以及二分点与二至点”。与牛顿的其他发明一样，“艾萨克的日晷”在当地教区也非常出名。这些发明也许是少年牛顿最伟大的成就。斯蒂克利认为它们就是牛顿醉心于天体运动的开端。

牛顿在艺术方面也很出色，比如在素描方面，甚至在作诗方面——虽然他对诗歌的兴趣仅仅持续了一小段时间。牛顿在自己所住阁楼的墙上用木炭画满了动物、人物和植物的素描以及数学图形，还将自己的名字刻画在隔板上。20世纪中叶，人们在伍尔索普庄园的石雕上发现了蚀刻的几何图画，这无疑也是牛顿的杰作。

在1659年购买的一本笔记本上，牛顿作了一系列有关巴特那本著作的笔记，从中可以看出牛顿当时的艺术倾向。这些笔记显示出牛顿比较关注素描的实用方面，还表明牛顿对如何利用动物、植物和矿物或者通过混合几种现有颜色来制作各种彩色墨水和颜料比较感兴趣。仅仅十多年之后，牛顿就因混合现有颜色生成新的颜色而闻名遐迩。笔记本中摘录的其他一些说明涉及鱼饵制作以及通过迷醉手段捕鸟的种种方法——这些方法并非全都很复杂。巴特的书中还有一些配制万能软膏和药膏的配方，牛顿也记下了好几种。实际上，在剑桥和牛顿做过二十年室友的约翰·威金斯后来回忆起的几件事情之一就是：牛顿经常会拿一种自制的、令人作呕的调和物（“卢卡泰诺香膏”）来作防腐剂。还有一些笔记来自约翰·威金斯的《数学魔术》。这是一本当时流行的著作，其中提供的信息与巴特的书类似。笔记本中的其他笔记提到了产生永动的不同方法，而永动是牛顿以后几十年中都一直极感兴趣的一个题目。

心灵手巧的牛顿沉浸在实用创造的世界中，这不仅预示了他非凡的未来，而且直接造就了他非凡的未来。实际上，对于牛顿早期所痴迷的活动与他后来所取得的成功之间有着怎样的联系，斯蒂克利有过极为出色的描述。他指出，少年牛顿能够娴熟地使用机械工具，加之具有素描与设计的专长，这对他后来拥有出色的实验技能帮助极大，“给他打下了运用自己强大推理能力的坚实基础”。非常罕见的是，牛顿具有成为一位伟大自然哲学家的所有素质，诸如“深邃的洞察力”，“坚定不移、百折不挠的解决问题的精神”，“延伸其推论［与］演绎链的巨大思维力量”，“无与伦

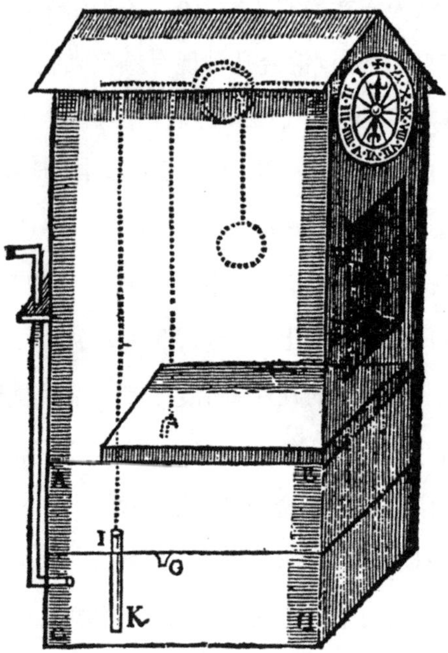

图2　牛顿借以制造水力钟的原始设计图。摘自约翰·巴特的《自然与艺术的奥秘》

比的代数技能以及其他使用符号的方法”。与所有的孩子一样，牛顿也很喜欢模仿他人。但在斯蒂克利看来，“他实际上就是一位天生的哲学家。学习、机遇和勤奋给他的洞察之眼指出了一些为数不多的、简单而普遍的真理”。他逐步拓展这些真理，“终于揭示了宏观世界的体系”。

虔诚之子

这位极具天赋的乡下男孩虽然热衷于制造种种器具，但却在郁郁寡欢中度过了青少年时代。1662年5月底，牛顿用速记法记下了他在前十年中犯下的所有罪行；有一小段时间，他还记下了自己在剑桥的所有不端行为。虽然拿“清教教义”这个词来形容牛顿信奉的宗教教义是完全不当的，但如果用与这个词相关的那些激进的新教伦理价值观来形容这些条目所反映的牛顿，则是再恰当不过的。牛顿记下的许多罪行都是他在虔诚的基督徒理应休息的安息日（“主日”）所做的一些事情。在17世纪50年代的许多个星期天，他要么读一本无关紧要的书，要么在小教堂中吃一个苹果，要么做一个滑键、一个钟表、一个捕鼠器或搓一截绳子，在晚间还会做一些馅饼。牛顿承认在上帝之日有过“无聊的谈话”，所以他也会在不经意间听到并记下许多训诫，这是不足为奇的。牛顿还写道他有一次完全错过了礼拜仪式。有时候，他将心思用在学习和钱财上，更喜欢“世俗的东西”，而没有将上帝放在心上。的确，牛顿记下的许多罪行都涉及他没能像一个虔诚的人那样生活的情形。“因为没能按照自己的信仰生活”，而且“疏于祈祷”，所以他远离了上帝。他没做到为了上帝而爱上帝，没有达到“渴望”上帝规诫的程度。

有些小插曲与村里其他孩子的经历也没有什么不同。牛顿曾在另一个男孩的帽子中放大头针“戳”人家，妈妈让他回家时拒绝回家，藏有一把石弓却向妈妈和外婆撒谎说没有。在其他时候，他还会跟仆人“闹翻”。有关食物的罪行也很突出。牛顿从克拉克的继子爱德华·斯托勒那里偷过樱桃棒，从妈妈的食品盒里偷过李子和糖。他还承认在病中暴饮暴食，实际上，在他所列的在剑桥求学时所犯的罪行清单上，头几条就是暴饮暴食。第一张罪行单上的其他评语描绘了牛顿心灵的阴暗面。他用拳头打过自己的一个妹妹，殴打过“多人”，还狠揍过爱德华的弟弟阿瑟·斯托勒。牛顿的单子上还记录着“有过不洁的思想，说过不洁的话，有过不洁的行为，做过不洁的梦”，但其具体含义不详。牛顿还悔恨地写道他曾通过“非法的途径”使自己摆脱“忧伤”，但其具体所指也不清楚。牛顿还记得自己曾“希望死亡降临到一些人身上，诅咒他们死去”。最令人震惊的是，他还隐约记得曾经威胁说要将继父和母亲连同他们的房子一起烧掉。这些都表明牛顿怀有强烈的憎恨。牛顿还编了一份常用词名单，依照弗朗西斯·格雷戈里1651年的《简明名词词典》的样式按字母进行排序。在“父亲”“妻子”“寡妇”等词后，牛顿加了“私通者”“娼妓”等词——这些词是格雷戈里的书中所没有的，可能表达了他对母亲和继父的看法。

牛顿的愤怒还体现在生活的其他方面。孔杜伊特对牛顿相当熟悉，他认为从学业生涯之初开始，牛顿就在怨恨之心和竞争之念这两大力量的驱使下，一门心思要超过其他所有人。牛顿经常会对孔杜伊特讲一件他进入文法公学不久发生的事情。这件事情可能与他对于狠揍阿瑟·斯托勒的“供认”有关。当时，牛顿是班上垫底的学生。有一天，在上学的路上，一个同学踢了牛顿的肚子。放学后，他就和这个攻击者在教堂墓地打了一架。虽然牛顿“没有对手健壮，但他斗志昂扬，意志坚决，一直打到对手停手求饶为止”。随后，在校长儿子的唆使下，牛顿还强行将对手的脸抵到教堂的侧墙上。从此以后，牛顿开始发奋努力，在学习上赶超对手，终于在成绩名次上排到了对手的前面。而且更绝的是，他还一举成了全校拔尖的学生。

牛顿的课外活动会对他的学习产生消极的影响。但是只要他愿意，他就可以随时捡起功课，一举超越同学。牛顿就是有这种本事。斯蒂克利写道：“有时候，一些愚笨的男孩会在排名上超过牛顿，但这往往会激励牛顿加倍努力，反超他们。”校长约翰·斯托克斯好像在早期就发现了牛顿的天赋。他曾经温言劝告牛顿以功课为重，但仍然无法让这个少年放开手中的锤子和锯子。可是，到了1659年下半年，牛顿的母亲决定让牛顿辍学，回家料理自家的庄园，并让一位可靠的仆人照看着牛顿。尽管如此，牛顿还是痴迷于制造水车与其他模型，而且一读起书来就会忘掉一切，根本无法胜任料理庄园的任务。他负责照看的牛羊会闯进附近的田地。有记录表明，这年10月他还因此被罚过款。牛顿还常常忘记吃饭；用斯蒂克利的话来说，“他整个心思都扑在哲学上了”。

各种传记在写到牛顿此时的发展时，都不再将他描写成一位极具天赋的技工，而会开始将他描绘成一位超脱的学者。后来，有好几样不同的证据表明，到牛顿前去剑桥求学的时候，他已经因自己超脱的行为或“愚钝的”行为而闻名乡里了。作为家务管理者，牛顿的确不可救药。他会贿赂仆人来代替他，而本人则跑到上学时寄宿过的那间阁楼里去寻求学者式的避难，全神贯注地阅读堆放在那里的医学书籍和科学书籍。在其他时候，他干脆就躺到篱笆或树下看书。还有一次，他拉的马挣脱了笼头，而他却一个劲地埋头看书，走了好几英里路都没有觉察。牛顿的母亲“对他的这种书生气怒不可遏”，而仆人们则称他为“一个傻小子”，认为他“永远都不会有什么作为”。

这时，校长斯托克斯向牛顿伸出了援手。斯托克斯告诉汉娜，牛顿极具天赋，不应埋没于“乡村俗务”中。他看到了“这个少年的非凡才能，惊叹于他的惊人发明、心灵手巧以及远远超过他的年龄的奇妙洞察力”。他还告诉汉娜，牛顿“将成为一位非常了不起的人”。斯托克斯还提出愿意免除牛顿的膳食费，这一点可能是促使汉娜同意儿子返回文法公学、预备上大学的关键因素。牛顿于1660年秋返校，并接受了拉丁语和希腊语的额外训练。在牛顿毕业离校的那一天，斯托克斯为他举行了一场激动人心的欢送会，据说还让学校的其他学生热泪盈眶。不过，斯蒂克利写道，仆人们可没有感受到这种情感，他们断言牛顿“一无是处，只配上上大学”。

三一学院

到毕业的时候，牛顿将上剑桥三一学院的事情已经定了下来。三一学院是英国当时最有声望的学院。在将牛顿送入三一学院的过程中，威廉·艾斯库和新近恢复了三一学院研究员身份的汉弗莱·巴宾顿的共同努力也许发挥了决定性的作用。1661年6月5日，牛顿以“减费生”这一接近仆役的身份进入剑桥。牛顿的低级身份与他母亲拥有的财富显得很不相称，令人奇怪。减费生须负担自己的膳食并参加讲座。他们实际上就是研究员或富有学生的仆人。牛顿可能以减费生的身份服侍过巴宾顿——虽然仅仅是在名义上。此前一年春天，查理二世复辟，剑桥市民和大学师生对此做出了迅速而积极的响应。在学校的高级职位上，保王党的支持者取代了共和政体任命的人员。1662年，国教学者、极具影响力的《信经讲解》(1659)的作者约翰·皮尔逊成为三一学院院长。在他的领导下，三一学院强调更为传统的学术形式，尤其注重神学方面的学习。

牛顿在大学里是如何花钱和打发时间的呢？来自一个小笔记本的证据让人们能对此有所了解。笔记本开头的一些条目表明，牛顿购买了书籍、纸张、钢笔、墨水等基本学习用品以及在17世纪的学生住宿条件下所需的一般生活用品，如衣服、鞋子、蜡烛、一把课桌锁、一张屋内地毯，还有一个夜壶。牛顿还买了一块手表、一个棋盘，后来又买了一套棋子（据凯瑟琳·孔杜伊特说，牛顿玩起棋盘游戏来得心应手），并付了七个便士作为使用网球场的年费。笔记本中还有“去舞会和游艇”的条目，并且在后面重复出现，表明牛顿在剑桥的第一年并没有将每时每刻都花在学习上。的确，牛顿还另列了一个“琐碎”而“浪费”的开销单子，上面有购买樱桃、啤酒、柑橘酱、奶油饼、蛋糕、牛奶、黄油和干酪的记录。后来，他还买过苹果、梨和炖梅脯。

很快，牛顿就开始给他的宿舍清洁员和同学放债——从现存的学生记录来看，这在当时的大学生中是非常罕见的。向牛顿借钱的同学有许多都是“自费生”，他们在大学中的社会地位要略高于牛顿。绝大多数得到牛顿慷慨借款的人都偿还了借款，这一点可从牛顿在相关记录上所画的叉号看出。大约是在1663年的某个时间，牛顿认识了另一个自费生约翰·威金斯（他儿子尼古拉斯写道，他父亲当时发现牛顿“孤独而沮丧”），随后两人决定合住一室。威金斯还会时不时地充当牛顿的誊写员。两人一直合住到1683年，是年威金斯离开剑桥，到教会担任了一个职位。约翰·威金斯曾告诉儿子尼古拉斯·威金斯，牛顿工作起来常会忘记吃饭，而且在早晨起床时“精神饱满，为发现了某个命题而心满意足；似乎一点也不在乎晚上的睡眠，或者晚上根本不需要睡觉似的”。如果牛顿的回忆准确的话，他应该就是在遇到威金斯的那一年迷上“决疑占星学”[①]的，而且还买了一本关于占星术的书。所谓决疑占星学，就是通过研究恒星和行星的位置来评估个人前途的学问。可是，牛顿对占星术并不满意，于是在次年转而

---

① 主要用于中世纪和文艺复兴初期，与当时主要用于医疗诊断和气象预测的自然占星学（natural astrology）相对。不过这一区别现在已不复存在。

研究欧几里得的数学，但不久又丢开了，因为他觉得欧氏数学无足轻重、过于浅显。

牛顿可能听过艾萨克·巴罗于1664年3月首次开讲的卢卡斯数学讲座。巴罗是首任卢卡斯数学讲座教授，他也许曾注意到自己的听众中有一位特别专心的学生。巴罗开始数学讲座一个月后，三一学院举行了一次定期进行的奖学金竞赛。牛顿参加了这次竞赛。根据牛顿后来的叙述，他的考官就是巴罗；由于他对欧几里得的数学缺乏了解，所以巴罗对他很失望。巴罗当时绝对想象不到，这个年轻学生竟然已经钻研过笛卡儿那令人生畏的《几何学》了。牛顿当时显然很谦虚，并没有道出自己的这一成就。不过，牛顿最后还是获得了奖学金，从而拥有了好几样特权。第二年早些时候，大约就在证明广义二项式定理的同一时间，牛顿为了获得文学学士学位，不得不参加一场耗时较长的、更为标准的知识考试。后来也有一种说法，称牛顿这次考试差一点没能及格。不过，这一说法可能将这次考试和前一年的奖学金考试混为一谈了。

1665年年中，一场瘟疫席卷了英国的许多地方。牛顿和绝大多数学生一样，也在7月底或8月初回家了。1666年3月，牛顿返回剑桥，继续给许多以前向他借过钱的同学放债。然而，刚到夏天，那场瘟疫又死灰复燃，牛顿便又回到林肯郡躲避瘟疫。正是在林肯郡，而且很可能就是在巴宾顿位于布斯比帕戈内尔的家里，牛顿完成了自己绝大部分的创造性工作。1667年3月20日，牛顿从母亲那里收到十英镑。次月，牛顿返回剑桥时，母亲又给了他十英镑。在随后的一年中，牛顿将这笔钱的大部分以及他的债务人所还的大部分钱用于如下用途：购买了一些磨制工具以及进行实验的设备，买了三双鞋，打牌输钱（两次），在酒馆喝酒（两次），买了几卷早期的《哲学会报》以及托马斯·斯普拉特新出版的《皇家学会史》，给他妹妹买了一些橙子。9月，牛顿又参加了一次竞赛，这次是为了角逐大学研究员的职位。不知是由于得到了巴宾顿或巴罗的支持，还是因为牛顿的才华和对学问的执着在为期四天的口试中大放异彩，他最后被选为了副研究员。

显然，这次当选也意味着牛顿精通院长皮尔逊要求的那种神学学问。当选之后，牛顿按要求宣誓要将神学作为他研究的中心，还宣誓将来要领圣命，否则就得辞职。此后不久，牛顿就搬到一间新屋居住，并根据个人的品味装修了屋子。1668年7月，牛顿被授予文学硕士学位，这样他就可以向学院正研究员的职位靠近了。牛顿在自己的衣袍布料上花了好多钱，还购买了一顶昂贵的帽子、一套衣服、几张皮地毯、一把睡椅（与威金斯合买），并买了一些填充一张新羽绒床的材料。他还买了三个棱镜，每个一先令；还买了一些“玻璃杯”——大概是用来进行化学实验的。那年夏天晚些时候，牛顿第一次去了伦敦。不久之后，他便声名鹊起。

第三章

神奇岁月

在17世纪的头几十年里，人类对地球与天体的认识大大加深了，这一进程通常被称为“科学革命”。大学过去非常倚重亚里士多德的哲学，这种倚重此时正在迅速减弱，虽然就整个欧洲而言，亚里士多德的自然哲学与伦理学作为本科生阶段的课程，一直要按部就班地讲授到17世纪末。在亚里士多德的自然哲学体系中，物体的运动是“按照因果关系”用物体所拥有的四元素（土、水、气、火）的多少来解释的：物体因为自身特定元素的重量优势或升或降，向着各自的“自然”位置运动。人们会习惯性地将自然哲学与数学或光学、流体静力学和和声学等“混合数学性”科目进行对比。在这些科目中，可用数字来测量外部量，如长度和持续时间等。不过，这一切都是在这样一个宇宙观中进行的：地球位于中心，周围则环绕着太阳和行星。

第一次认识上的巨变发生在天文学上。哥白尼的日心体系尽管遭到天主教会和许多新教派别的正式反对，但还是获得了新的皈依者。在1596年到1610年之间，约翰尼斯·开普勒和伽利略·伽利雷[①]的著作引发了一场天文学革命。开普勒在其1596年发表的《宇宙的秘密》中假定了一个以太阳为中心的宇宙体系。在这个体系中，行星之间的距离可以通过在正立体中内切行星的轨道而求得。1609年，开普勒出版了巨著《新天文学》，提出了一个引人入胜的关于行星运动的理论，其中就含有后来以"开普勒三定律"而闻名的行星运动定律的头两条（行星沿椭圆轨道运行，而太阳则位于其轨道的一个焦点上；所有的行星围绕着太阳在相等时间内扫过同等的面积）。

1609年，伽利略将多个镜头组合在一起，发明了一台能够放大物体的仪器。他将这台"望远镜"转向太空，发现木星周围有一系列卫星绕行，就像行星绕着太阳运行一样。1610年，伽利略出版了《星际使者》。在这本小书中，伽利略还宣布月球上有山峦和峡谷，而银河是由成千上万颗恒星组成的。1613年，伽利略证明太阳也有黑点，而当时的人们普遍认为，天是"永不腐败的"。1619年，开普勒出版《宇宙谐和论》，提出自己的第三定律，指出对任何行星的轨道而言，行星到太阳的平均半径的三次方跟行星公转周期的二次方的比值不变。伽利略的一系列发现彻底推翻了人们关于天完美无缺的看法，而开普勒定律将在牛顿论证《原理》的关键命题中发挥至关重要的作用。

伽利略对17世纪科学的贡献并不限于他在天文学上的工作。1632年，伽利略勇敢地出版了《关于两大世界体系的对话》，该书

① 伽利略姓伽利雷，全名为伽利略·伽利雷（Galileo Galilei），但现已通行用他的名来称呼他，而不用他的姓。

试图证明哥白尼的世界体系。就是因为这本书，他被软禁在家，直到1642年去世。不过，就在软禁期间，他还是设法于1638年出版了光辉著作《关于两门新科学的谈话和数学证明》。亚里士多德认为，抛出的物体首先会经历“剧烈”的运动，然后便被“自然”运动所取代，而自然运动会促使抛射体中的土粒子向下运动，回到它们的自然位置。亚里士多德还认为，物体下降的速度和物体的重量成正比。然而，伽利略却在《谈话》中宣布抛射体的运动轨迹是抛物线，并且接近地球表面的物体所受的垂直分力可以用一条定律来表示。根据这一定律，任何重量或“体积”的物体垂直降落的总距离与降落时间的平方成正比。伽利略还清楚地指出，重力的物理起因并不重要，而且要揭示出来的确极其困难，这又一次和亚里士多德的整个学说体系相反。伽利略揭示了地球上的好些现象都是可以用数学来描述的，从而为力学这门现代科学奠定了基础。牛顿在其同名巨著《数学原理》中展示了他的辉煌成就，旨在表明“数学原理”也是更多自然现象的基础所在。

现代科学的另一个重要方面则是由弗朗西斯·培根勾勒出来的。在伽利略和开普勒发展天文学和力学的同时，培根也在提倡这样一种思想：理解自然的正确方法是直接研究自然，而不应通过亚里士多德的著述（或其他任何文献）来进行。培根认为自然哲学上的进步只能通过协作项目来实现，并由此提到了新近发现美洲和太平洋的壮举，赞扬了艺术与贸易所取得的进步。对迥然不同的事实进行观察，会增加人们对这个可见世界的认识，而设计精良的实验能将自然世界分解为各个组成部分，从而得出有关大自然真正秘密的信息。培根甚至还赞扬了炼金术士用以分析自然的方法，不过他同时对炼金术士们的封闭生活方式和模糊的行话感到悲哀。

并非所有的反亚里士多德主义者都认同伽利略的方案就是发现科学真理的正确方法。勒内·笛卡儿提出了一种复杂的解释，用以描述这个物理世界背后的各种微结构。笛卡儿认为，我们周围的世界中存在的那些机械现象也在不可见的层面上运作着。在他的机械哲学中，一个不可见的微观世界配有许多钩子和螺丝，将各种元素凝聚在一起。根据笛卡儿的解释，一种巨大的太阳“涡旋”通过运动压出各种物质，对地球上的现象产生重大影响，从而产生了诸如磁、热、重力和电等大规模现象。笛卡儿认同伽利略的反亚里士多德学说（同时还秘密地认同伽利略和开普勒信奉的哥白尼学说），但他又指责这个意大利人的“建构缺乏基础”，声称科学解释需要采用自然界的微观机械建构模块。我们将会看到，这就是青年牛顿所从事的最有影响的工作，虽然它很快就成了对手的批评对象。

数学新手

最初，牛顿接受的是剑桥大学本科生所受的标准教育。他得阅读大量规定的神学文献和亚里士多德的著作。他对严肃数学的兴趣，则很可能是巴罗于1664年春的卢卡斯数学讲座激发的。根据牛顿后来的记述，大约就在巴罗开讲的那会儿，他学习了威廉·奥特雷德的《数学之钥》和笛卡儿的《几何学》。在1664年

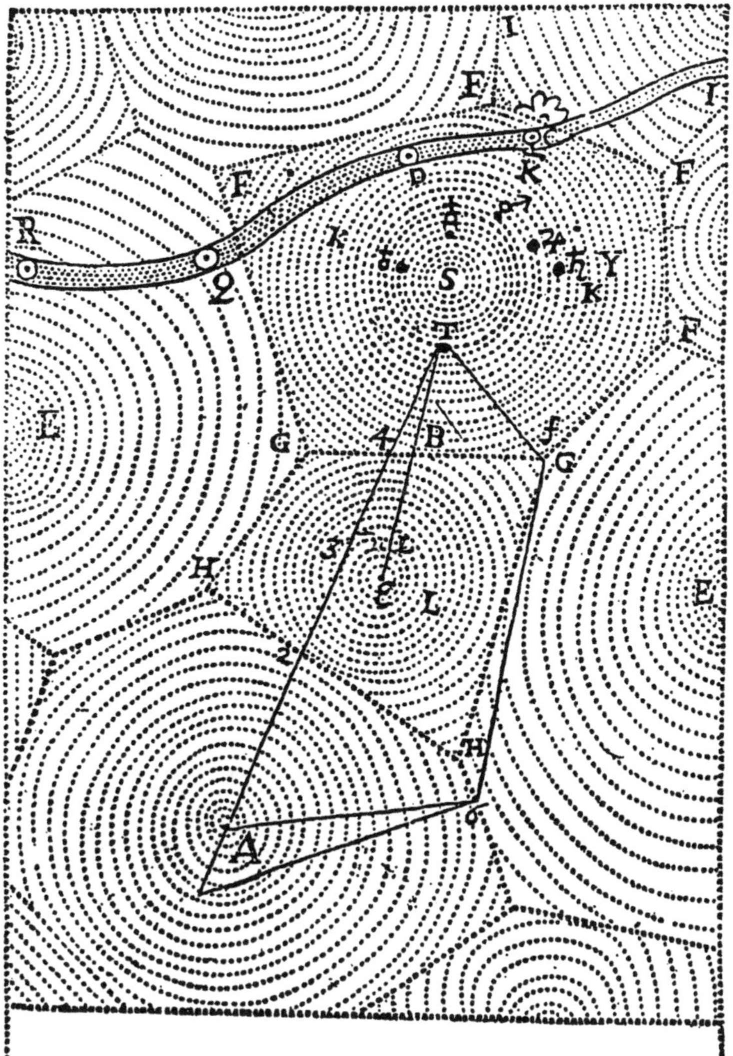

图3　笛卡儿的涡旋：围绕着太阳S的太阳系，以FFFFGG为界。其他星系也以恒星为中心

到1665年的冬天，牛顿认真研究了笛卡儿的分析数学（以及荷兰数学家弗兰斯·范·斯库藤在其编译的笛卡儿的《几何学》中所加的评注）、弗朗索瓦·韦达的代数学著作，以及约翰·沃利斯的“不可分割法”。牛顿利用我们所说的笛卡儿坐标几何学，掌握了定义各种圆锥曲线（圆、抛物线、椭圆和双曲线）的方程。尽管牛顿最初低估了欧几里得在《几何原本》中的成就，但他后来非常钦佩欧几里得和阿波罗尼奥斯的伟大成就，视他们的方法为从事数学工作的模板。

到1664年年底，牛顿找到了求曲线任意点上的“曲度”或斜率的方法。这就是所谓的切线问题。詹姆斯·格雷果里和勒内·弗朗索瓦·德·斯卢斯等数学家当时正致力于研究这一问题。笛卡儿发明了一种通过找出一个大圆在接触曲线的点上的曲率半径来确定曲线“法线”（即垂直于切线的直线）的方法。不久，牛顿便改进了这一方法。他利用近距离两点之间的法线，让这两点之间的距离变得任意小，由此便能求出“表达”任意圆锥曲线的方程中任意点的切线，还可求出相关方程的最大值和最小值。牛顿将这个过程加以推广，用来表述我们现在称为微分法的基本要素。根据微分法，切线的斜率代表着曲线在任何一点的变化率。

早在1663年到1664年的冬天，牛顿已开始研究沃利斯有关曲线截面下面积求法的分析。沃利斯的方法是将曲线下的区域分割为无穷小的截面来计算。到沃利斯1655年出版《无穷算术》的时候，人们已经知道对于基本方程式$x=y^n$，其曲线下0到a之间的面积是$a^{n+1}/n+1$。这就是有名的“求面积法”或“求积法”，也就是我们现在称为“积分法”的雏形。但对于更复杂的方程式来说，则需要使用不同的技巧，例如利用无穷级数。在无穷级数中，随着一系列项达到极限，就能够接近一个终值。沃利斯发展了这一思想，他对抛物线和双曲线求积，发现了一系列接近 π 值的项。

在1664年到1665年的冬天，牛顿认真研究了沃利斯的著作，并提出了能够取得同样结果的另一种方法。不久，牛顿对沃利斯的方法加以提炼，开始考虑利用分数幂（涉及平方根、立方根和其他根）来求曲线面积的方法。牛顿还超越了沃利斯，发现了求与圆面积相等的正方形面积的正确级数。他进而拓展了从这一成功中得到的洞察力，最终证明了广义二项式定理（既适用于整数幂也适用于分数幂），可以用来展开任何$(a+x)^{n/m}$形式的方程式。在1676年致莱布尼茨的一封信中，牛顿首次公开宣布了这一发现。

1665年年初，牛顿基本上弄清了切线法与求积法是互逆的运算，也就是说，那时的牛顿已经掌握了微积分的基本定理。到1665年年末的时候——很可能是出于对巴罗的模仿，牛顿依然照常将曲线视为在特定条件下的点在一个虚拟空间中划出的线条，并谈到了点在特定时刻经历的“速率”。这就是牛顿所说的“流数”法——曲线上各点的值从一点“流向”下一点。至此，曲线下面积不仅可以被视为无限小部分的总和，而且可以被视为“运动学上”的面积——一个运动的点与其正下方x轴上相应的值的连线所扫过的区域。在1666年10月的一篇杰出论文中，牛顿系统地阐述了他在这方面的大部分杰出成就。那篇论文标志着他已经成为当时世界上顶尖的数学家了。

苹果落地

一个苹果掉下来，让牛顿想到将促使苹果落地的力量和促使月球保持在其轨道上的力量进行比较。这个故事可以说是科学史上最有名的一个传说了。不管其真实性如何，牛顿在数学上取得一系列发现的同时，还在力学上进行了一系列了不起的研究，这些研究使他成为将支配地上运动的力量与支配天上运动的力量统一起来的第一人。按照牛顿自己的说法，他首先发现了将旋转物体保持在其轨道内的定律，由此获得了他在力学上的新颖洞见。很快，牛顿就写下了一系列运动定律。他在二十年后撰写《原理》时，将会想起（并发展）其中的许多定律。在一本名为“废料簿”的笔记本上，牛顿在1665年年初写下了一百多个运动公理，这些公理已含有了惯性的基本概念。牛顿断言撞击的效果与撞击的起因必然相等——这是后来《原理》中第三运动定律的雏形，不过他却援引一个形而上的理由来解释这一断言。牛顿精巧的分析考虑到了物体的体积和速度，最后得出了这样一个定律：撞击之前与之后的动量（mv）守恒。

接着，牛顿又非常灵巧地研究了一个物体在封闭的正方形中受各边碰撞之后的运行途径，并设想正方形各边对物体的四次撞击之和与保持一个物体围绕一个中心沿轨道运行的力量是类似的、相等的。牛顿假设施加撞击作用的边数可以无限大（这样多边形就会成为一个圆），由此推出维持一个物体沿圆圈运动一周所需的总力量“与物体的运动力量之比相当于所有的边［即圆的周长］与圆的半径之比”。如果“物体的运动力量”为mv，那么物体旋转一周所受的总力量应是$2\pi mv$。如果旋转一周所需的时间为$2\pi r/v$，那么总力量除以时间，其结果mv^2/r表示的就是**在特定时刻作用于旋转物体上的力量**。这一力学发展上的开创性成果是克里斯琴·惠更斯在1673年发表的，但早在几年之前，牛顿就已经利用这一发现走到了惠更斯的前面。

现在，牛顿发觉自己可以解决一个最早由伽利略提出的问题，即将一个物体保留于地球上的力量（重力）与该物体所受“离心力”之间的比率。离心力就是地球的自转将物体甩向太空的趋势。就重力来说，牛顿独立算出了重力加速度g。就离心力而言，牛顿测定地球自转一周，离心力会使物体移动$2\pi^2r$的距离。他将地球的大小作为其中的一个值，得出重力大概要比离心力大350倍（在一秒钟之内，重力会使一个物体下降16英尺，而离心力只会使一个物体移动半英寸多一点）。

也许因为看到苹果落地而受到了启发，牛顿在17世纪60年代末将月球离开地球的趋势与地球表面的重力进行了比较。这个问题也是伽利略提出的。牛顿用一个数字来表示地球的大小；根据这个数字，月球就有60个地球半径（从地球中心到赤道的距离）那么远。在此基础上，他推导出一个物体离开地球赤道的趋势（其离心力）是月球离开地球的趋势的12.5倍。如果月球轨道的规律要求月球的离心力能够平衡地球施加的向心引力，那么月球的离心力就应等于地球表面重力所施拉力的350×12.5（=4 325）倍。

在进行这些计算的同一份手稿中，牛顿还将自己关于旋转物体的受力定律插入开普勒的第三定律，从而得出施加于一个旋转物体的力与距离的平方成反比（$1/r^2$）这一定律。牛顿后来回忆道，他算出的将月球维持在轨道中的力的数值（即4 325）“非常接近”根据平方反比定律将月球到地球的距离的平方（60^2=3 600）纳入计算之后得出的数据。那时，他将两个计算结果之间的差异归于一种地球涡旋的影响。后来，他意识到这一差异实际上是由对地球大小的不当计算造成的。他还会将这一了不起的工作视作他优先发现万有引力定律的证据。不过，不管这一成就有多么了不起，它尚缺乏他那伟大理论——万有引力定律的许多要素。

哲学问题

牛顿的这些兴趣并未影响他在科学上的多产。在另一本笔记本中，牛顿对亚里士多德的著作以及相关评注作了一系列笔记。这些笔记涵盖了当时任何一个欧洲大学生所必修的普通课程科目，例如伦理学、逻辑学、修辞学和自然哲学等。大概是在1664年年末的某个时间，牛顿便不再在这本笔记本上摘录亚里士多德的著作，而是写下一个“某些哲学问题”的标题，在下面记了一系列哲学笔记和哲学疑问。在这个标题上方，他写了一句众所周知的格言：“柏拉图是我的朋友，亚里士多德是我的朋友，但真理是我更伟大的朋友。”

“哲学问题”笔记本开头的一些条目配有小标题，这些小标题涉及物质的本质、一些微小物体“凝结”成大物体的原因、冷与热的本质，以及有的物体下降而有的物体上升的原因。他还有力地批评了传统的观点。实际上，他评论过的这些普遍主题将是他一辈子感兴趣的焦点所在。最先的这些条目带有一种形而上的味道，这与他不久以后采用的更具实验性的方法截然不同。例如，关于物质的本质，他认同亨利·莫尔在其《灵魂的不朽》（1659）一书中的看法，指出物质世界的基本建构模块非原子莫属。物质与“数学上的点”不同，无法进行无穷分解，因为一个由无穷小的部分——无论它们有多小——组成的集合，是无法构成一个有限物体的。对于凝结现象，牛顿利用笛卡儿的假设来解释。笛卡儿假设，一种太阳“涡旋”会喷出一种稀薄的物质，这种物质产生了大气，而大气反过来又“向下压迫”地球，使“世上的一切物质紧紧簇拥在一起”。

一直到17世纪80年代初，牛顿都信奉笛卡儿的涡旋说。起初，他将涡旋最精纯的部分称为“轻纯物质”，不过，为了将这种遍布一切而又不可觉察的介质与更为粗糙的“空气”区别开来，他后来改用了“以太”一词。牛顿怀疑涡旋的搅动是否会使物体升温，还想知道热究竟是由光驱动空气引起的，还是由光本身直接引起的。他还提出了这个问题：在波义耳的真空泵（该气泵可抽取或压缩玻璃箱中的空气）中排除水的热量，能否让水结冰？牛顿认为，那种通过自身向下运动生成重力的物质必然会以另一种形态上升，这是因为：（1）如果不上升，就会导致地球地下洞穴的膨胀；（2）如果不以另一种形态上升，上升的物质就会抵消下降的物质，重力也就无从产生。牛顿还认为，上升的物质一定要比下降的物质“粗重”，否则上升的物质会撞击大物体更多的（即内在的）“部分”，从而产生一种比下降力更大的上升力。牛顿对这种循环宇宙论的兴趣从来没有减弱过，而这一兴趣的意义在他后来的炼金术实验和科学工作中都有体现。

甚至天体现象也可通过实验来研究。牛顿就笛卡儿《哲学原理》中对彗星本质的论述作了笔记，并紧接着在后面记下了他自己在1664年12月对彗星的观测结果。根据牛顿后来的回忆，那次彗星观测耗费了他许多时间和精力，甚至让他“身心紊乱”。牛顿记录道，彗星“沿涡旋流逆向”向北移动，并提出了一些非常特别的实验，以测验月球涡旋可能产生的作用。是月球的作用引起了潮汐吗？一开始，牛顿指出不是这么回事，因为如果是这样的话，潮汐应该在新月出现的时候最小，但事实并非如此。不过，这可以通过一试管水或水银来检验，看看管内液体的高度是否会受到月球方方面面的影响。

在每一点上，牛顿都会提出解决主要哲学问题的实验。这在当时的大学生中是绝无仅有的。牛顿提出了一系列实验，来测定不同元素的具体重力，确定将物体加热或冷却是否会影响其重量，还有将物体移到不同地方或不同高度是否会影响其重量。令人惊叹的是，牛顿不仅建立了重力理论，而且还提出了这样的问题：重力的“射线”能否像光线那样被反射和折射？若能使重力射线击打一个上面按特定角度安置了板条的水平轮子，从而让轮子像风车一样转动，或者设法让重力射线仅仅作用于一个竖轮的某一半，从而让轮子旋转起来，那么永动也并非不可能。在笔记本的其他地方，牛顿还提出了一系列类似的疑问，以期利用磁力射线产生永动。磁铁通过发射磁力射线，也许能让一块炽热的、状如风车翼板的铁块旋转起来？可能就是为了检验这些想法，牛顿在1667年买了一块高质量的磁铁，并于不久之后用磁铁的锉屑做了一系列非常独特的实验。

在阅读笛卡儿的《哲学原理》的过程中，牛顿再次对空气与水的本质产生了疑问。他花了大量精力来思考笛卡儿关于软硬物体的微观结构的描述。像在别处一样，牛顿在这里又提出利用波义耳的真空泵来验证深奥的理论猜想——这些猜想大都是关

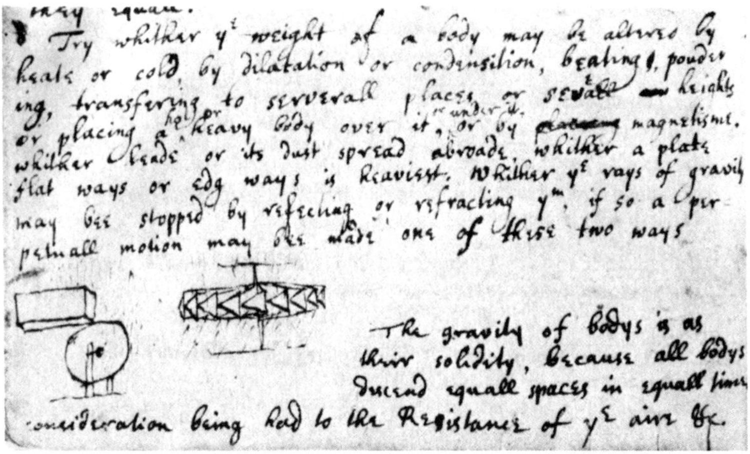

图4　两个关于利用重力波来制造永动机的想法。摘自牛顿在剑桥三一学院的“哲学问题”笔记本

于以太的。例如，光在一个抽空的气泵中照样可以发生折射，所以折射必定是由“空气和真空中的同一种稀薄物质”引起的。不过，在不同种类的玻璃中，折射的幅度是否都一样呢？波义耳没有考虑过这个问题，但牛顿考虑到了——他当时可以利用基督学院的一个真空泵。

精神与身体

“哲学问题”笔记本中的许多条目都涉及灵魂的本质与确切所在，以及内在的、主观的精神与外在的身体在人的体验中各自发挥的作用。从一开始，牛顿就对我们所说的“精神-身体”问题非常着迷，也对不同的人对同一起因会产生不同的反应这一事实非常着迷。在“关于同情与反感”这个标题下，牛顿写道：

> 一个人尝起来是甜的东西，另一个人会觉得是苦的。同一样东西，一个人闻起来非常美妙，另一个人则会感到不快……看到同样的东西，有些人无动于衷，有些人则会如痴如醉。乐曲带来的快乐也因人而异。触觉也是一样。

在题为“关于感觉”的另一节（夹在摘自莫尔《灵魂的不朽》的笔记中），牛顿写道，“对他们来说爪哇胡椒并不辣”。

在这些笔记条目中，牛顿还谈及了被哲学家们援引为灵魂处所的大脑的各个部位。他记录了各种不同的现象，表明就算大脑受到严重损伤，人的感觉也可以不受影响。一只青蛙如果大脑被

"刺穿",它就会丧失一切"感觉和行动"。但是人在大脑被刺穿后,只要大血管没有受刺,仍能运用自己的感觉。显而易见,一个人无法通过环钻(或锥子)在自己头上所打的孔张望,但是"假如给一个接受环钻术的人的脑髓加一丁点重量,也会使他完全丧失感觉和行动能力"。

牛顿早期研究内容的一个关键要素涉及自由意志的本质问题,以及与此相关的灵魂如何与身体的其余部分产生联系的问题。一些身体运动是无意识的。在"关于运动"的大标题下,牛顿写道,人的许多动作都是纯机械的:音乐家可以不假思索地奏乐,歌手唱歌时"无须留心也不会漏掉一个音符",人走路时并不需要意识到自己应该如何行走。将一根鲸须伸入人的喉咙会让人呕吐,这又是一个纯机械动作的例子,也明显地证明了动物的行动是"机械的、独立于灵魂的"。

不过,牛顿在描述灵魂的过程中,有力地驳斥了一切对灵魂的纯机械式的解释。跟大多同代人一样,牛顿不想像笛卡儿和托马斯·霍布斯等机械哲学家一样,沾上无神论者的恶名。因为灵魂的官能与人的个性有关,所以记忆就提供了关乎人的动作缘由的重要证据。人的头部如果受到重击,有可能会使人完全丧失记忆;但是很久之后,在遇到类似事情的时候,记忆又可能被重新激活。在题为"关于灵魂"的一个条目中,牛顿认为记忆不仅仅是一种"变更后的大脑物质"的行动,我们体内肯定有一种什么"原则",这一原则能使我们在最初的动作停止之后还能想起相关的事物来。这一见解后来成了牛顿自然哲学的关键点之一。

在另一篇不同寻常的短文《论创造》中，牛顿还讨论了动物的“灵魂”。在那个时代，绝大多数哲学家都认为动物灵魂与人类灵魂的本质截然不同。不过，牛顿却暗示，有那么一种原始的“非理性灵魂”，当其与不同动物的身体结合时，就产生了现存的所有那些野兽。牛顿用速记法（因为他的论点太过大胆了）暗示道，说上帝最初为不同的物种创造了不同的灵魂，就相当于说上帝做了一些不必要的工作。不同物种之间的差异源自其本能，而本能依赖于物种身体的构造组织。更为激进的是，牛顿还主张，人的灵魂本质上都是类似的，人与人之间的差异仅仅来源于身体构造的不同。在单列出的另一个关于上帝的短小条目中，牛顿指出不论人还是动物都不会是“原子偶然混杂”的产物。如果是这样，人或动物定会长有许多无用的部分，“不是这儿多一团肉，就是那儿多一个器官，有的兽类可能只有一只眼，而有的却可能有好几只”。

牛顿曾试图区分灵魂的行动与身体的行动，其最惊人的尝试始于他所记的一系列关于“想象力”（或“幻想力”）和创造力的笔记。牛顿认为，想象力是灵魂的一种能力，能够产生睡梦和记忆中出现的那种图像。他指出，“一种脚跟朝上的适当姿势”以及“新鲜空气、禁食与适量饮酒”都有助于想象力的培养。不过，“醉酒、暴食、过度学习（过度学习与偏颇的激情都会导致疯狂）、情绪的混乱骚动”则会摧毁想象力。牛顿警告说，“沉思冥想”会让有的人大脑发热、“注意力分散”，会让其他人产生“一种疼痛或眩晕感”。训练想象力来做一些新的事情，这是可能的。从约瑟夫·格兰维尔的《武断宣称的自负》(1661)中,牛顿摘录了一个很有名的故事:一位牛津大学的学者从吉卜赛人那里学会了如何"通过加强自己的幻想力和想象力"来对他人进行精神控制。

录下牛津学者的这个故事之后,牛顿过了一段时间便紧接着该条目记载了他自己进行的关于想象力与视觉的一系列实验。在1665年的某个时间,他对自己的视力做了一系列危险的实验,其中就有长时间直视太阳的行为。牛顿虽将这一系列实验称作主观体验,但他对它们的详尽描述则表明他带有一种客观的超脱态度。牛顿写道,用一只眼睛直视太阳一段时间后,所有浅色的东西看起来都成了红色,深色的东西都成了蓝色。用这只受损的眼睛来看,白纸乍看起来是红色的,但是"如果我通过一个很小的孔来看,只让很少的光线进入我的眼睛",同样的白纸看起来就成绿色了。

牛顿的视觉实验并未就此打住。当他眼中"精灵"的运动(他是这么认为的)渐渐消失之后,他闭上眼睛却还可以再现出太阳的映像。眼中先会出现一个蓝点,蓝点中央渐渐变淡,周围逐渐出现一个个红色、黄色、绿色、蓝色和紫色的同心环。牛顿在不同的条件下进行这个实验,发现那个蓝点有时候会成为红色。他将眼睛睁开之后,看不同颜色的感觉与刚开始直视太阳之后的感觉一模一样。于是,他得出这样的结论:太阳与他的想象力作用于他的视觉神经与大脑中精灵的方式是完全一样的。牛顿还到外面凝望白云,结果看到了红色,这跟注视白纸后得到的效果相同("只是大部分都要深一些")。他看上一会儿云(云明亮得让他的眼睛都会湿润),就能让一个点“在朦胧的红色中闪亮”。

这些实验实际上只是牛顿类似系列实验中的一部分。牛顿对工作的投入和痴迷由此可见一斑。牛顿让眼睛休息了一会儿,然后在黄昏前一小时**又重复了上述整个实验**。这之后,当他用好的那只眼睛看白纸或白云等白色物体时,照样能在纸或云的背景下看到太阳的形象,周围簇拥着“朦胧的红色或黑色”。这时牛顿发现,除非他把心思花到别的工作上,否则他的眼睛几乎不可能看不到太阳的形象。等到每只眼睛都能承受太阳形象的时候,他就可以在太阳原来的位置上想象出好几个形状来,“由此也许可以得出,对太阳最令人痛苦的注视能够显示出对可见事物最清楚的幻觉”。牛顿继续写道,“从中我们可以得出一些关于疯狂或梦的本质的认识”。这些艰苦实验的后遗症非常持久,牛顿在1691年向约翰·洛克详细描述过这些实验,在1726年又向约翰·孔杜伊特详细描述过这些实验,说如果他有心思的话,仍可以在眼中唤起一个太阳的映像。

光与色的新理论

牛顿早先在笔记本上写过一个关于颜色的条目。一段时间以后,他又翻开新的一页,写下同样的标题,在下面记录了一系列用棱镜进行的实验。通过这些实验,牛顿不仅驳斥了亚里士多德关于光与色的观点,而且对笛卡儿、波义耳和胡克在其新作中对颜色的论述提出了挑战。牛顿是从什么时候开始这些研究的,其确切日期我们不得而知。不过,牛顿后来说他之所以开始研究颜色，最初是为了重复笛卡儿在其《屈光学》中报告的用棱镜进行的颜色实验。在《屈光学》中，笛卡儿称光经过棱镜的传播，会在距棱镜约五十厘米之外的墙上产生各种颜色，并说这一现象能够解释彩虹的形成过程。为了重复这一“著名的颜色现象”，牛顿在某个时候搞到了一个棱镜，不过“哲学问题”笔记本中记录的最早的实验条目提到的工具却是两个。

在这部分关于颜色的笔记中，第一条评论提出要检验这一问题：通过棱镜产生的红色和蓝色混合在一起能否构成白色？在此之前，牛顿已经批评了更早的一些理论，这些理论或认为颜色由黑色与白色组合而成，或假设颜色源于阴影与光线的混合。在笔记本的其他地方，牛顿还批评了光是由压力引起的观点。这一观点肯定站不住脚，因为如果真是这样的话，涡旋施与我们身上的压力会让我们一直看到亮光，而在黑暗中，一个人只有跑动起来才能看到事物。最后，牛顿抨击了光的波动说，其理由是光是按直线行进的，而波或“脉冲”通过以太介质时并不会按直线行进。早些时候，牛顿非常认同光是由微粒或小球组成的猜想。这一猜想与罗伯特·胡克在其新作《显微术》中所描述的“脉冲观”截然对立。

笔记上所记的一系列观测记录中的第三个条目描述了牛顿的一个关键性实验：通过棱镜观察一根一半染成蓝色、一半染成红色的线。牛顿注意到，线的一半“显得比另一半高，且两个半截并未出现在同一条直线上，其原因是这两种不同颜色的折射度不同”。牛顿通过光“球”的潜在速度来解释这一现象，认为移动较慢的光束和移动较快的光束的折射幅度不同，而蓝色和紫色应该属于速度较慢的光束。牛顿推断，每当较慢的光束为物体吸收时，物体就呈现出红色或黄色，而每当较快的光束不被物体反射时，物体就会呈现出蓝色、绿色和紫色。以此为基础，牛顿后来提出了更为复杂的解释，称自然物体根据自身的属性能够“展示”特定的光束，从而显示出不同的颜色。由运动或快或慢的小球组成的有色光束是普通光的固定特征，因为普通光就是有色光的混合物。单束色光**不是**由棱镜**产生**的，而是由棱镜**折射**出的。当时人们普遍认为通过棱镜产生的颜色是由折射造成的“改变”引起的。牛顿的观点与此相反，既质疑了亚里士多德的观点，也挑战了当时流行的对光与色的机械式解释。

牛顿相信眼睛在光的体验中以特定的方式发挥着作用，而他此时的工作并没有与这一理解相脱节。他接着进行了一系列与眼睛相关的实验，这些实验对眼睛的损害程度丝毫不亚于当初直视太阳的实验。他从侧面用力压迫一只眼球，使之变形，让眼中浮现出一些“幻影”。牛顿还写道，他将“一个黄铜板置于眼睛与接近视网膜中央的骨头中间——我的指头放不进那里”，由此看到了一个“非常鲜明的印象”。牛顿还在黑暗中或者在不同的压力下将这个实验重复了好几次。毋庸赘言，那个时代没有第二个人做过这类事情。

测算折射率

在一本所谓的“化学”笔记本中，牛顿继续进行他的视力实验。他在这本笔记中写了另一篇文章《论颜色》，记述了截然不同的研究努力。文章开头叙述了一个通过棱镜观察一根双色线的实验，接下来则列出了一系列非常新颖的关于反射和折射的实验。当时，牛顿的同代人（他们尚不知道颜色具有不同的折射率）最多只是将光束折射后投射到约一米之外的地方，牛顿则将折射光束投射到大约七米（22英尺4英寸）外的一堵墙上，表明不同颜色的光束具有不同的折射指数。在一间黑屋子里，牛顿让阳光从窗帘上的一个小洞中射进来。他发现经过一个三棱镜的折射后，光束会在对面墙上形成一个长方形的形状，而不是圆的形状。与他以前观察到的一样，蓝色光束折射得比红色光束厉害。不过牛顿也很谨慎地指出，红色和蓝色并不是光的固有属性，而只是眼睛对具体光束的体验。牛顿还以非同寻常的精确程度测出，通过棱镜折射出的不同颜色的光束有着各自不同的折射率。在那之前，还没有任何人注意到这一点。

在后面记录的一系列实验中，牛顿还描述了一个更加复杂的实验：让从第一个棱镜折射出的光束经过第二个棱镜被再次折射。这一次，蓝色光束与红色光束的折射程度仍和它们穿过第一个棱镜时的折射程度一样。牛顿还注意到单束有色光经第二个棱镜折射后，并不会进一步变更为其他颜色。牛顿又增加了一个棱镜，将三个棱镜平行放置，让透过三个棱镜的光束互相重合。这时牛顿写道："在几个棱镜折射出的红色、黄色、绿色、蓝色和紫色混合的地方出现了白色。"做过这些实验之后，牛顿已经掌握了他后来关于光与色的成熟理论的基本要素。他抛开自己的粒子说，认为白光并不是一种经过变更能够产生颜色的基本实体。相反，他认为白光是由多种（牛顿并未说明究竟是几种）不同的原色光合成的，而**每一种原色光都有自己不变的折射指数**。

牛顿还对有色薄膜进行了分析研究，这是他另一项重要的观测实验。有色薄膜现象是胡克最先观察到的。把一个透镜尽可能紧地压到一块平面玻璃上，然后通过透镜观察玻璃，就可以看到一些不同颜色的同心圆。通过计算透镜的曲率半径，牛顿竟然测出了同心圆与玻璃之间的空气薄膜的厚度，而且精确到了十万分之一英寸。牛顿的这个分析大约是在1670年或1671年进行的，其结果首次出现在他于1675年年底发给皇家学会的《观测论文》中，后来又收录在他1704年出版的《光学》中。牛顿的主要发现是：任一点上薄膜的厚度与每个圆圈的直径的平方成正比。此外，牛顿和其他一些人在试图将两块玻璃完全压合起来时遇到了困难，这一困难后来成了短程斥力存在的主要证据。

这第二篇论文《论颜色》明确表明，眼睛实验仍然是牛顿颜色研究的一个主要部分。牛顿发觉用铜板来做实验工具不是很好，于是就找来一根“粗针”——一种用来在织物上钻洞的缝纫工具，将粗针戳进眼后的隐窝，“而且尽可能接近我眼球的后面”。这时他眼前像以前一样又浮现出了几个圆圈。牛顿写道，“当我持续用针头摩擦眼球时”，这些圆圈“最为明显”；“但当我将眼球和针头都停止不动，就算我持续用针压迫眼球”，圆圈还是会“渐渐变暗，经常消失，直到我再次转动眼球或者移动粗针时才会再现”。

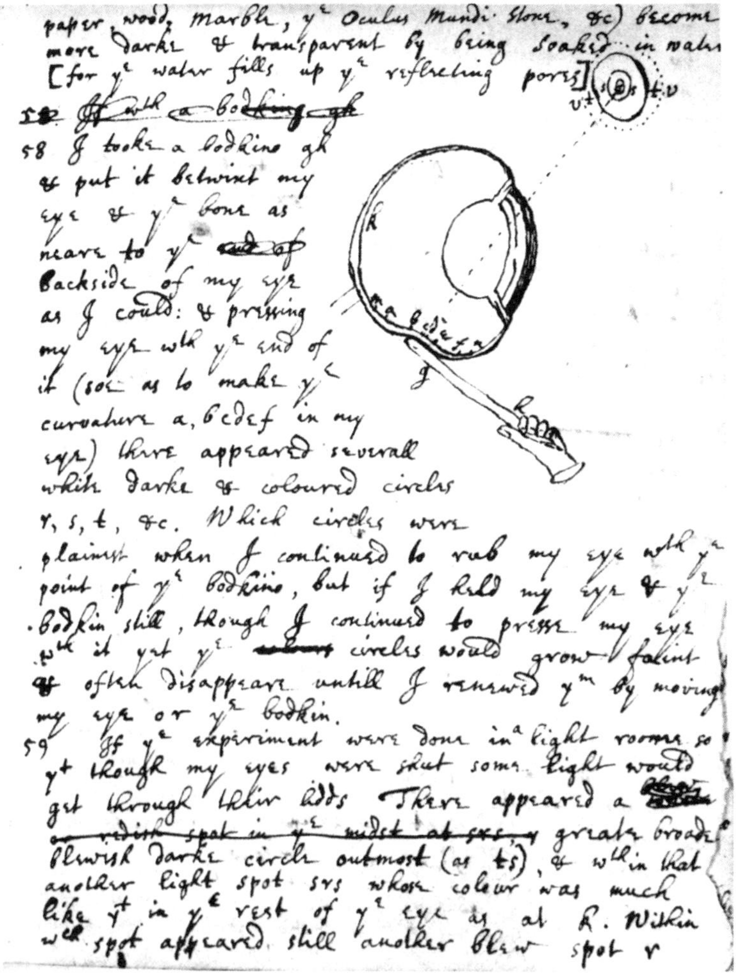
paper, wood, marble, ye Oculus Mundi Stone, &c) become
more darke & transparent by being soaked in water
[for ye water fills up ye reflecting pores]
~~58 If wth a bodking gh~~
58 I tooke a bodkine gh
& put it betwixt my
eye & ye bone as
neare to ye ~~end of~~
backside of my eye
as I could: & pressing
my eye wth ye end of
it (soe as to make ye
curvature a, bcdef in my
eye) there appeared severall
white darke & coloured circles
r, s, t, &c. Which circles were
plainest when I continued to rub my eye wth ye
point of ye bodkine, but if I held my eye & ye
bodkin still, though I continued to presse my eye
wth it yet ye ~~circles~~ circles would grow faint
& often disappeare untill I renewed ym by moving
my eye or ye bodkin.
59 If ye experiment were done in a light roome so
yt though my eyes were shut some light would
get through their lidds There appeared a ~~[illegible]~~
~~reddish spot in ye midst at svs~~ greate broad
blewish darke circle outmost (as ts), & wthin that
another light spot srs whose colour was much
like yt in ye rest of ye eye as at k. Within
wch spot appeared still another blew spot r

图5　牛顿所画的实验示意图：用一根粗针压迫自己的眼球并使之变形

牛顿后来说自从他发现了色差现象之后，他就停止了改进折射望远镜镜片研磨技术的努力。笛卡儿曾提出，一个磨成任一圆锥截面（双曲线或椭圆）的透镜会形成球面透镜所无法形成的清晰图像（其原因在于折射的正弦定律）。牛顿曾花了好多个钟头，亲自尝试用圆锥截面透镜形成清晰的图像，并在其“废料簿”中记录了实验结果。然而，色差使得所有的尝试都无果而终，由于不同的颜色折射幅度不同，透镜无法将它们聚拢在一起形成清晰的图像。如果制造清晰的折射望远镜是不可能的（尽管牛顿并没有完全放弃这个想法），那么是否可以利用平面镜来制造一架望远镜呢？同代人最多只在理论上探讨过建造这样一种望远镜的可行性，而牛顿却领先一步，实实在在制造了一架很成功的平面镜望远镜，而且望远镜的各个部件都是由他亲手制作的。虽然这架望远镜的金属片容易失去光泽，所形成的图像也没有色彩，但是它却解决了色差的问题，而且放大程度跟一架高性能反射望远镜不相上下。这是一个了不起的成就，牛顿因此名满剑桥，就像他当年通过自己的发明闻名格兰瑟姆一样。

第四章

挑剔的大众

1668年，牛顿成为三一学院的正研究员。由此开始，他的人生道路发生了重大转折，而这一转折在很大程度上是由艾萨克·巴罗促成的。那时候，巴罗已经发现了牛顿的巨大潜力。他曾感谢牛顿（尽管没有点名）帮助他修订1669年光学现象方面的一本著作——《十八讲》，而牛顿也几乎肯定参加过巴罗在1667年与1668年所作的卢卡斯几何光学讲座。那时巴罗大概还不知晓牛顿在光学领域所做的颠覆性工作。在巴罗的支持下，牛顿于1669年9月被选为巴罗的继任者，担任卢卡斯讲座教授。

1669年年初，巴罗给牛顿看了一本上年年末出版的书——尼古拉斯·墨卡托的《对数术》。墨卡托发现了一种使用无穷级数来求对数的方法。牛顿后来说他初读《对数术》的时候，还（错误地）以为墨卡托发现了可用来展开分数幂多项式的广义二项式定理。不管怎样，看了墨卡托的书之后，牛顿意识到墨卡托已经开始通过"平方"项来生成无穷级数。这促使牛顿撰写了一篇才华横溢的数学论文，即我们现在称为《无穷级数分析法》(或《分析法》）的那篇论文。这篇论文内涵十分丰富，虽然没有详细阐明二项式定理，但却展示了几个接近sin x与cos x的值的无穷级数。

牛顿还提出了求摆线积分与割圆曲线积分的种种技巧。他宣布正切法与求积法是互逆的技巧，并利用1666年10月的那篇论文为他的流数法提供了有力的基础。此外，在1676年写给莱布尼茨的两封重要数学信件中，牛顿还将特别倚重《分析法》一文。

1669年7月底，巴罗将这篇论文寄给身居伦敦的数学家约翰·柯林斯，并于一个月后向柯林斯透露了牛顿的作者身份。无穷级数是当时人们探讨的热点。通过柯林斯，牛顿的那篇论文以及他的数学成就开始引起了其他数学家的注意。实际上，牛顿还于11月在伦敦与柯林斯见了一面，两人一起讨论了牛顿的反射望远镜、级数的扩展、和声的比率等问题，还谈到了牛顿亲自研磨镜片的事实。不过，柯林斯注意到牛顿并不愿透露自己工作背后的基本方法。就在此时，巴罗让牛顿评论一下柯林斯不久前才翻译过来的杰勒德·金克于森的《代数》一书。牛顿写了一篇详尽的评论，不过这篇评论从未公开发表。让柯林斯深感奇怪的是，牛顿无论如何都不愿自己的名字出现在那篇评论中。牛顿在1671年9月向柯林斯清楚地指出，如果他的评论一定要公诸于众的话，他希望能以匿名的形式出现在人们面前。“无论公众中有谁想将我草草写就的东西予以出版”，他都不想“获得此人的敬重”。此后三十年中，这一态度一直都支配着牛顿与其著作的潜在读者之间的关系。

作为卢卡斯讲座教授，牛顿讲授的几何光学与他的前任巴罗所讲授的截然不同。他接二连三地采用实验、棱镜和透镜来证实自己的白光异质性理论，非常重视他在工作中一贯追求的数学精确性与确定性。他坚持认为自然哲学家应该成为几何学者，应该停止探讨那些仅仅是“可能”的知识。在此，牛顿首次公开宣布自然哲学能够达到一种绝对确定的程度，并且自然哲学应该建立在数学原理的基础之上。

此时，如果牛顿愿意发表自己的研究成果的话，他必将被视为当时世界上最多产的科学家之一，而且无疑是世界上前所未见的最有才华的数学家。有一段时间，柯林斯一直督促牛顿发表《分析法》一文以及他的光学讲义。牛顿也花了许多精力来修改这两部作品。1671年年初，他将《分析法》加以拓展，写成一篇新的关于级数法和流数法的论文；1671年下半年，他重写了自己的光学讲义。与原来的讲义有所不同，新讲义提出在讨论颜色的本质之前，应该先测算光的折射度与反射度。1672年4月，柯林斯再次督促牛顿发表其著作。不料牛顿却告知柯林斯，他原想将光学著作与数学著作合在一起出版发行，但后来却放弃了这一想法，“因为从我那非常有限的发表作品的经历中，我已经发现除非与出版事务划清界限，我将不会获得以前享有的安宁与自由”。可是，那会儿牛顿的名字确实曾作为编者出现在伯纳德·瓦伦纽斯编著的一本关于地理的书上。不过牛顿后来也承认，他对该书没有多少贡献。

牛顿对发表成果的失望源自他首次与国际读者接触的经历。牛顿早就向柯林斯说过他制作了一架反射望远镜。1671年年末，巴罗将牛顿制造的一架新的反射望远镜送给皇家学会，让反射望远镜的话题又一次“热”了起来。皇家学会的秘书亨利·奥登伯格告诉牛顿，他的望远镜深受会员们的好评，“一些光学科学与实践领域的顶级专家”也对其进行了较为细致的审查。奥登伯格还告诉牛顿，他已将一份关于望远镜构造与性能的描述寄给了巴黎

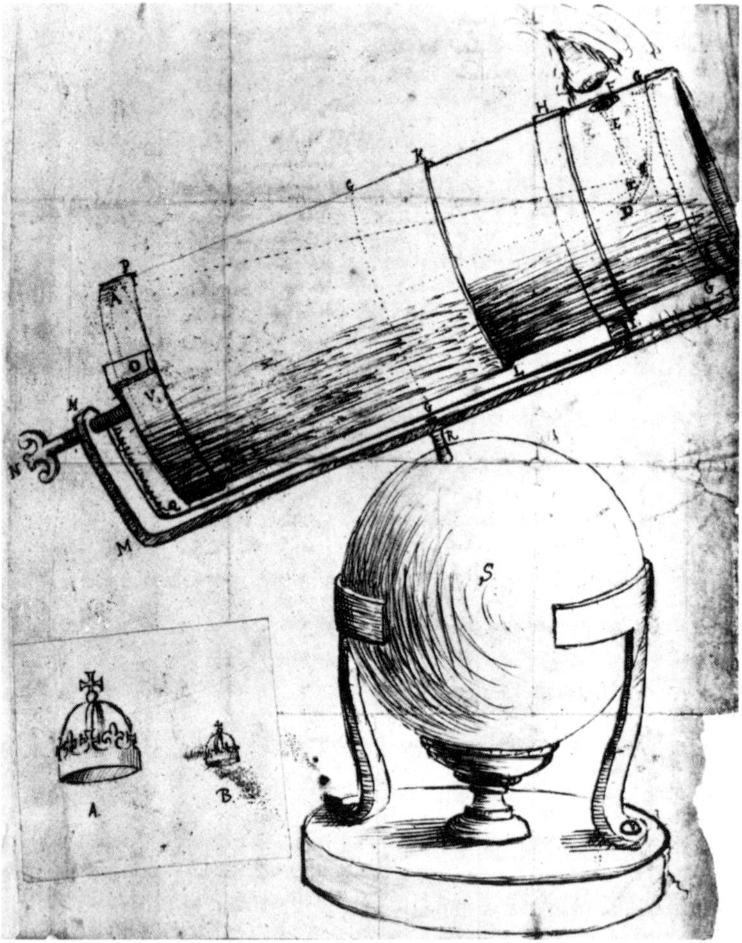

图6　皇家学会的一位会员所画的牛顿反射望远镜草图。这架望远镜是牛顿于1671年年末呈送给皇家学会的

的克里斯琴·惠更斯，“以防那些可能在这里或者在您所在的剑桥见过望远镜的陌生人篡夺这一发明”。

在回信中，牛顿对自己的发明表现出了一贯的超然态度。他告诉奥登伯格，那架望远镜已在剑桥静静地放了好几年了，在此期间他并未进行过任何鼓吹宣传。他还就如何生成用来制作镜面的合金提供了建议，并感谢皇家学会选他为会员。接着，牛顿仍以谦虚的姿态接受了学会给他提供的一笔资助，并表示为了对会员们的活动有所裨益，他愿意向他们传递他经过“贫乏而孤独的努力”所获得的一切成果。不过，牛顿在致奥登伯格的另一封信中披露，促使他制作反射望远镜的那个发现在他看来称得上“迄今为止对自然运作最奇特的发现，如果不是最重大的发现的话”。1672年2月初，奥登伯格适时收到了牛顿论述这一发现的那篇划时代的论文。

牛顿在皇家学会

皇家学会成立于1660年。在其成立后的几年中，学会就对进行实验和描述实验的最佳方法形成了一种观点——实际上就是学会的官方观点。在很大程度上，这种观点是以罗伯特·波义耳采用的方法为基础的。波义耳在其著作中建议，作者应该采取一种“历史叙事”的风格。这就要求作者尽可能详细地描述他们在具体场合所进行的实际活动。但凡有可能，作者都应避免提到任何无法通过实验进行验证的假设，而且不应过于草率地提出普遍性声明，宣称自然在所有类似情况下都会如何如何运作。作者应对他们的声称持有谦虚的态度，而且对自己的观点持有的确信不应超出证据能够支持的程度。任何命题的真伪，都会为时间所证实，都会为其他许多人多次就同一现象进行的重复实验所证实。波义耳认为一些倾向于利用数学方法的自然哲学家对应用数学技巧来研究自然世界过于自信，容易就自己的工作提出无根据的、过于确信的主张。

在2月提交的那篇论文中，牛顿开头以历史叙事的方式叙述道，在尝试研磨非球面透镜的中途，他于1666年买了一个棱镜，在一间黑屋子里让一束阳光通过棱镜，投射到22英尺之外的墙上，以此来测验“颜色现象”。他原想根据折射定律，会在墙上看到一个圆形的映像，但却“惊奇地”发现看到的映像是“长方形的”。根据牛顿的叙述，他逐渐排除了有关“光谱”被拉长的各种解释——包括玻璃的厚薄或者均匀程度，并对实验结果进行了精确的测量。光线进入棱镜的角度（31′）与光线离开棱镜的角度（2°49′）相差太大，难以用传统的折射定律来解释。

“最后”，牛顿写道，他便进行了他所说的experimentum crucis（“关键性实验”，该术语源自培根的instantia crucis[①]）。关键性实验就是他在那篇关于颜色的最成熟的论文中描述过的双棱镜实验的改进版，不过描述得有些含糊不清。在关键性实验中，牛顿拿了两块板，板上各有一个很小的洞。他把一块板放置在窗前（第一个棱镜就放置在那里），将另一块板放置在离窗12英尺远

① 意为“关键性实验”。培根用这一术语来指能够证明一假设正确而另一假设错误的某一实验。

的地方。他将第一个棱镜绕轴转动，让不同颜色的光线通过第二块板上的洞，射到放在板后的第二个棱镜上。牛顿想通过这个实验显示（这一点在后来有更清楚的体现），虽然不同颜色的光线都以相同的入射角进入第二个棱镜，但是每种色光从第二个棱镜射出时产生的折射幅度，与其原先从第一个棱镜射出时的折射幅度一样大。每种色光的折射率并没有为第二个棱镜所修改，所以**每种色光都具有一种内在的“发生特定幅度折射的……趋势”**。牛顿评论说，由此产生的色差限制了折射望远镜成像的精确度。

图7　关键性实验。翻印自牛顿的法文版《光学》（第二版）

论文写到一半的时候，牛顿便放弃了历史叙事的写法，声明如果继续那样写下去，就会使他的文章变得“乏味而混乱”。他写道，自然哲学家会惊奇地发现，颜色理论是一门基于数学原则之上的"科学";颜色理论具有无可争议的实验基础,因此不是假设的,而是绝对确定的。在论文的剩余部分,牛顿列出了自己颜色理论的"原则",并增加了一两个实验予以说明。一束特定颜色的光线连续通过几个棱镜时会"顽固地保持其颜色","不管我怎样努力,都无法改变其颜色"。最奇妙的是,牛顿欣喜地写道,他发现白光是由所有原色光混合而成的。牛顿称他的理论可以解释一切自然物体的颜色:我们之所以看到物体呈现出某种颜色,是因为它们倾向于反射某些色光而不反射其他色光的缘故。在论文结尾,牛顿提出了一个将给他带来无数麻烦的宣称:光是物质的(即由物体组成的)这一事实**也许**再也不容否认了。但他接着写道,要确定光究竟为何物,或者要确定光究竟如何被折射或者"以何种模式和动作在我们的大脑中产生颜色的幻觉",这要比确定白光的组成困难多了。不过,牛顿也指出,他最后关于光的本质的声称对他论文的论点并不是至关重要的,而他不会将"确信与臆测混为一谈"。

这篇论文不仅是现代史上对普遍接受的光学观点提出的最大挑战,而且还清楚地表明牛顿眼中调查与证明科学宣称的正当方法应该是什么。奥登伯格在回信中告诉牛顿,学会的会员们"专心致志地"考察了该篇论文,并对它"发出了难得的喝彩"。他要求牛顿同意将此文发表在《哲学会报》上。奥登伯格还提到,学会决定让一些会员尝试重复论文中描述的实验以及其他一些相关实验。牛顿回信说他之所以将论文寄给皇家学会,是因为他认为学会会员们是"哲学事务最公正、最能干的鉴定人"。牛顿还说他"并没有将论文披露给有偏见的、好挑剔的大众（许多真理就是因为被披露给了大众而受到阻隔以致消失了）"，所以他现在可以"自由地"将注意力"转向一群明智而公平的人士"，并为此"深感荣幸"。

假设的麻烦

反射望远镜的结构说明以及关于光与色的论文一并发表了，这让牛顿声名鹊起。几位同时代的哲学家，包括有名如克里斯琴·惠更斯者，都对牛顿的发明赞许有加。然而，论文发表后不到一周时间，皇家学会的明星会员罗伯特·胡克就写信给奥登伯格，称自己对牛顿的理论持有重大保留意见。虽然胡克同意牛顿的实验现象是真实的，但他不相信光的不同折射度只能由牛顿的白光异质性理论来解释，他也不同意牛顿的实验表明光是物质的。胡克宣布他早就发现了类似的现象，认为牛顿关于白光的理论并不像牛顿自己在论文中展示的那么确定。

胡克自己的假设是：光是通过匀质的、无形的介质传播的一种脉冲或运动，而颜色就是由光经过折射而产生的改变引起的。胡克宣称这一假设是在成百上千个实验的基础上得出的。如果牛顿真有一个非常有说服力的关键性实验来证明自己的论点，那胡克定会欣然同意牛顿的理论。可是，他还可以想出无数其他的假设来解释牛顿实验中发生的现象。为什么组成颜色的所有的运动在撞击棱镜**之前**应该聚拢在白光中？这完全没有什么必然性。这就像说在风琴的管子发出声音之前，所有的声音都"在"

风箱中一样毫无必然性。牛顿的理论充其量是一种假设——不过是“一种非常精妙而灵巧的假设”，完全不像一个数学证明那么确定。

1672年6月，牛顿从自己的实验记录本以及光学讲义中选取大量数据，撰长文答复了胡克。这份答复本身构成了光学领域的一份重要文献。在答复开头，牛顿先以高傲的姿态谴责了胡克的行为。胡克本该“施惠”于他，给他写一份私人信件的。胡克归之于他的那个“假设”并不是他在论文中所表达的那个假设，因为他在论文中并没有坚持光是否为一种物体。他鄙视“假设”，在论文中没有理睬“假设”，在谈到光时只是“用笼统的术语将光抽象地视为由发光体向各个方向沿直线发送的某种东西，而并未指明这种东西究竟为何物”。

接着，牛顿利用他早在学生时代就得出的论据，对胡克的光的波动说进行了直接攻击。牛顿说，也许有人会承认胡克的波动说能够解释他所描述的实验现象，但胡克的这个假设面临着一系列问题。液体的波动与振动并不沿直线运行，但光却似乎是按直线传播的。更糟的是，由于不同的物体必然会渗出“不同”的脉冲，那么普通光肯定是由这些不同的脉冲构成的混合物，或者是“不同光束聚集而成的一种集合体”，而这恰恰是牛顿所主张的光的异质性。牛顿继续大力攻击胡克：胡克的假设不仅不够充分，而且难以理喻。胡克如果是一位稍有廉耻之心的实验者，就该发现他所说的是真实的。“从总体上”来考虑光，基本颜色应该不止两种，而胡克的声称与此相悖。牛顿称他的关键性实验的确实至名归。

胡克当然不会感受不到牛顿信中的语气。在致皇家学会一位资深会员的信中，胡克写道自己后来又按照牛顿的提示，拿棱镜和有色环做了进一步的实验，但依然无法相信牛顿的理论。不过，他又说如果他的信冒犯了牛顿的话，他对此表示抱歉，因为那封信原本就没有打算让牛顿过目。胡克强调指出，他对自己的观点确实有很好的证据。的确，胡克做过一些折射实验，表明在特定条件下，光的确会扫射到“阴影”区域。胡克说如果他的假设让人难以理解，他对此感到抱歉。不过，胡克也不无讽刺地指出，他并“不怀疑”牛顿能够解释原色光在折射后如何保持自己固定的折射度，之后又如何被聚在一起而“合为一体，然后又彼此分离，不受干扰地沿直线运行，好像从未相遇一样”。牛顿也许能够理解其中的奥妙，但是胡克理解不了，他也无法理解此时的牛顿何以害怕说明光线**究竟是**什么东西。

胡克在回应中固执地认为，哲学解释必须为解释对象提出可以理解的物理原因，这就给自然哲学家理解牛顿的理论定下了一个模式。次年年初，克里斯琴·惠更斯再次提到了胡克曾经提出的观点，大意是说其他所有颜色都由基本颜色生成，而基本颜色的数目是有限的。惠更斯还指出，牛顿并没有遵守机械哲学的基本原则，也就是说，牛顿应该提出一个物理假设，来解释光通过棱镜后何以会展示出不同的颜色。惠更斯说，如果牛顿做不到这一点，那么“他没有告诉我们颜色的本质与差异，他教给我们的就只有不同颜色具有不同折射度这样一个偶然事件了（当然这一现象本身也是非常值得考虑的）”。

惠更斯的批评似乎超出了牛顿忍受的极限。牛顿提笔给奥登伯格写信，说他想退出皇家学会，因为他与伦敦之间的“距离”使得他无法给学会带来裨益。同时，牛顿还告诉柯林斯，他受到了学会一些成员的“无礼对待”。牛顿的这一意见被反馈到皇家学会的秘书奥登伯格那里。奥登伯格在给牛顿的信中提到胡克时说，每个团体中都会有一个麻烦制造者，但“就整体而言，学会成员都很尊敬和爱戴您”。

不过，牛顿还是给惠更斯去了一封措辞激烈的复信。牛顿说要由黄色与蓝色合成光经棱镜折射后产生各种颜色是不可能的，而光的基本现象仅是由两种光线引起的，这一解释也让人难以信服。虽然牛顿在最初的论文中就提到过简单光与复合光可能看上去一样，只有通过实验才能分开，但惠更斯的评论迫使他再次指出这一点。如果白光**能够**仅仅由两种色光组成，那就意味着色光本身就是复合的，而不是原始的。好像嫌自己的语气还不够粗鲁一样，牛顿斥责道：这一点是如此明显，“以至于我觉得认识到这一点不该有丝毫的迟疑，对那些懂得如何检验一种颜色是简单的还是复合的以及一种颜色是由什么颜色构成的人来说更应如此”。

虽然奥登伯格曾跟惠更斯说过牛顿是一个非常率直的人，但惠更斯还是被牛顿的这种态度激怒了。他说如果牛顿这么激烈地为自己的理论辩护，他就不想再跟牛顿有什么争论了。不过，惠更斯还是非常大方地给牛顿寄送了一本他撰写的、非常出色的书——《摆钟》。牛顿感谢惠更斯赠书，说该书充满了“非常敏锐而有用的推论”（譬如离心力方程），但对于惠更斯对他信中语气的批评，牛顿回应说向他提出他已经回答过的异议，似乎有点“不近情义”。在写给奥登伯格的一封含有对惠更斯的回应的信中，牛顿重申了他“不再热衷于哲学事务”的打算。

此后，牛顿仍间歇性地与柯林斯以及其他一些数学家通信，讨论协助建立对数表、平方表、平方根表与立方根表的捷径与技巧。不过，这时候牛顿的生活中发生了其他一些事情。1674年年末，牛顿面临着这样一件事：若要保住他在三一学院的研究员身份，他就得接受神职，从而确认他对圣三位一体教义的信仰。由于下一章将会解释的那些原因，牛顿已不可能再接受神职。次年1月，牛顿曾向奥登伯格暗示，他很快就要失去自己在三一学院的职位了。不过，牛顿于次年2月底去了一趟伦敦，会晤了政府的一些高层官员。之后，他便得到特许，允许他在1675年春不领圣命而继续担任研究员。巴罗（时任三一学院院长）的支持很可能是牛顿成功获得特许的关键因素。

阴暗的日子，糟糕的棱镜

就在牛顿认为自己摆脱了公开争论之时，一连串新的轻率的通信又将他拖回到公开争论之中。列日耶稣会会士弗朗西斯·利努斯写了一篇批评文章，由此掀起了对牛顿理论的新一轮攻击。利努斯1675年去世以后，他的同事们代表他继续攻击牛顿的理论。他们批评说，牛顿在论文中所给的各种指示操作起来很困难，而且重复实验也很难取得牛顿所说的实验结果。在一定程度上，牛顿原先已经预见到了这些问题。他采用的数学方法必然会带来这些问题，因为数学方法处理的是一两个抽象的、理想化的实验情形，而不会是许多相关实验的一些详细描述。起初，皇家学会的会员就牛顿关于光与色的理论写下了一些疑问，当奥登伯格将这些疑问寄给牛顿后，牛顿也承认他论文中的说明有些晦涩，并说如果当初就想着要发表的话，他就会描述得更详细一些，还会加入更多的图解。

牛顿与利努斯的同事约翰·加斯科因和安东尼·卢卡斯之间的通信进一步扩大了牛顿原先与利努斯之间的争执。英国的多位自然哲学家在重复牛顿的大多数实验时似乎并没有遇到多少麻烦，但牛顿与耶稣会会士之间的通信表明，即使是一些很有造诣的哲学家，在重复牛顿的实验时也会遇到重重困难，甚至要理解这些实验的要点也非常困难。从耶稣会会士一方来看，他们认为自己是在奉行皇家学会的基本原则，相信只有通过一些不同的实验来了解一个理论的不同方面，才能逐渐积累起科学知识。他们说由于牛顿的理论过于新颖，所以就得由牛顿自己来证明这个理论。但在牛顿看来，耶稣会会士是在明目张胆地攻击他的真诚和能力。他坚持认为自己的关键性实验就足以证明他的理论是站得住脚的。他批评耶稣会会士没有按照他的指示做实验，批评他们没有能力按照要求的精度去测量折射角度（要精确到分，而不仅仅是度），批评他们使用的棱镜不够格，而且依赖早已作古的实验者。

1677年的某个时候，牛顿再次决定出版自己的光学著作（可能要与他关于无穷级数的著作一起发表），包括他的光学讲义和已经发表的通信。那年3月，牛顿让一位叫戴维·洛根的艺术家给他刻了一幅画像，准备作为这部著作的卷首插图，但后来事情并没有按计划进行。1678年2月，牛顿向卢卡斯索要一份卢卡斯早期（1676年10月）来信的副本，因为他在一场火灾中失去了这封信的原件。那场火灾应该发生在不久之前，毁坏了牛顿的许多论文，而且让原来计划的出版工作泡了汤。碰巧，卢卡斯在两个月前就已征得牛顿的首肯，将这封信发表在《哲学会报》上了。于是，这封信就经由罗伯特·胡克转到了牛顿的手上。胡克是奥登伯格刚刚去世之后皇家学会的几位新任秘书之一。可是不知怎的，牛顿发现卢卡斯发给胡克要求发表在《哲学会报》上的那封信跟原件稍有不同。1678年3月，牛顿在写给卢卡斯的最后一封信中，对卢卡斯早期信件所体现的低下的科学质量破口大骂。处于崩溃边缘的牛顿称卢卡斯及其耶稣会会士“友人”策划了一个针对他的阴谋。他们将他“逼”入他深恶痛绝的公开辩论之中。牛顿告诉卢卡斯，他认为卢卡斯的大多数观点都太“无力”，无法予以承认，而牛顿不愿与卢卡斯“争论”还有“其他谨慎的原因”。如果和耶稣会会士的公开争论让他大倒胃口，他大可以将时间花在其他有意思的事情上。

第五章

真正的炼金术哲学家

17世纪中叶，炼金术的名声可谓毁誉参半。许多人看不起炼金术，认为变贱金属为金子不过是一种毫无希望的追求。其他的人却认为炼金术有着悠久而可敬的传统，其中的秘密隐藏在晦涩难懂的文字和比喻之中，因而显得格外“高贵”而意义重大。罗伯特·波义耳等自然哲学家虽然看不起一些所谓的炼金法术，但同时相信如能进行正确的解读，一些炼金术文献实际上对自然界中最有价值的运作提出了自己的解释。就此而论，炼金术应属于一种被称为“化学”的范围更大的实践活动。化学还包括普通的或“庸俗的”化学操作，而这些操作应是每一位化学家全部技能的一部分。不过，炼金术传统则相信整个自然界都是活生生的。这一传统似乎有望解答关于发酵、发热、腐烂以及动植物与矿物生长的问题。人们认为炼金术士应该掌握了仿效发酵、发热、腐烂、生长等非凡进程的技能，运用这些技能他们就可以将各种元素进行相互转换。大多数炼金术士相信炼金术有其根本的宗教成分或灵性成分，但牛顿的炼金术论文中则显然缺少支持这一信念的证据。

17世纪50年代，以美洲人乔治·斯塔基为中心在伦敦兴起了一个炼金术士的圈子。乔治·斯塔基撰写了一些著作,发展了J. B.范·海尔蒙特的生机理论。斯塔基还分析了促使某些基本元素发酵或生长的方法。受此吸引,牛顿于17世纪60年代末开始阅读斯塔基的著作。在这段时期所记的笔记中,牛顿用从波义耳的著作中找到的术语编了一本化学词典,并记下了从事普通化学这一行业所必需的所有化学制品、操作程序和许多仪器。当时,发酵、嬗变、生命、繁殖以及精神与身体的关系等至为重大的主题深深困扰着牛顿和他的同代人。为了解答涉及这些主题的种种问题,牛顿还是转向了炼金术传统。牛顿是从什么时候开始投身炼金术研究的,其确切时间无从得知。不过,就在1669年,牛顿给他的朋友弗朗西斯·阿斯顿写了一封涉及炼金术的信,购买了两个熔炉,还一口气买进了拉扎勒斯·泽兹纳的六卷本《化学剧场》。这一切表明,他同年荣任的卢卡斯讲座教授一职可能多少影响了他对炼金术的研究兴趣。

然而,牛顿并没有忽略“普通”化学所能提供的东西。大约就在那个时候,牛顿在他的“化学”笔记本中从罗伯特·波义耳的《关于寒冷的新实验与新观察》中抄录了许多页笔记,中间加有他自己的疑问,偶尔还会提出自己的实验。《关于寒冷的新实验与新观察》出版于1665年,与波义耳在17世纪六七十年代发表的其他著作一道,形成了一座可供牛顿挖掘的再好不过的信息宝藏,提供了关于自然界的详尽而权威的信息。例如,波义耳注意到,虽然亚洲要比欧洲冷得多,但中国人并不像欧洲人那样感到寒冷,这是因为亚洲的“地下呼气”中含有“发热流”的缘故。从摘自波义耳著作的其他笔记以及牛顿对它们的思考中，我们可以看出牛顿始终感兴趣的一些自然哲学主题：热、光、嬗变以及自然的“原理”等。

在笔记本的另一处，牛顿记有一节关于“形状”嬗变的笔记，其中有这样的记录（摘自波义耳1666年发表的《形状与性质的起源》）：珊瑚、螃蟹和龙虾等生物体如从水中捞出，终会变成石头；在苏门答腊岛附近生长着一种枝条，其根却是“虫子”；而在巴西，一种类似蝗虫的动物变成了一种植物。波义耳还提供了一个关键的信息：雨水蒸馏后，会留下一种白色的土质残渣。牛顿以赞许的口吻提到范·海尔蒙特，说范·海尔蒙特认为水是万物之本，因为万物“通过连续的运作”终会“还原”为水。

提及范·海尔蒙特之后，牛顿又从乔治·斯塔基的《宣称的焰火制造术》中摘抄了一些内容。这表明牛顿当时的阅读重点已发生了变化。大约就在同一时间，牛顿也阅读了迈克尔·迈尔的《十二国炼金术士成就谈》一书。牛顿在1669年5月致阿斯顿的那封信就是以此书和一份关于旅游者忠告的手稿为基础写成的。在那封信的开头，牛顿夸夸其谈地提了一些如何对付外国人的建议。不过，牛顿也要求阿斯顿（阿斯顿即将去欧洲大陆旅行）留心一种金属嬗变为另一种金属的实例，因为这些实例“也是哲学中最有启发性且收益非凡的实验，非常值得足下的注意”。笔记本中的具体指示来自他所阅读的迈尔的著作，但与他从波义耳的著作中撷取的信息也有关联。不久以后，牛顿就开始贪婪地大量阅读炼金术著作——既有手稿也有印刷品。牛顿从许多炼金术手稿文献中摘抄了笔记，这一点非常重要，因为它表明牛顿与基于剑桥——或者更可能是伦敦的炼金术士圈子相识。不幸的是，牛顿所结交的这些炼金术士，其身份大都模糊不清。

金属的生长

如同对待“哲学问题”一样，牛顿很快就开始进行新颖的炼金术实验。不过，给不同的炼金术著作与术语编纂索引并比较这些著作与术语依然是他研究策略中关键的一环。购买《化学剧场》后不久，牛顿利用这部合集中引用过的文献，编了一个简短的“命题”清单。牛顿在清单中提到了一种活跃的“挥发之灵”，叫作“磁体”，说它是遍布世界万物的“独一无二的生机媒介”。这就是所谓的“哲学之汞”，即一切金属的原始形状。一旦经过炼金术士的复原，“哲学之汞”就可发挥不同反响的转变效果。“哲学之汞”通过温热发挥作用，可用来将元素复原（或“腐烂”）为它们最基本的状态，然后将它们“再生”（或“生成”）为新的形状。牛顿借用一个炼金术传统的基本比喻说，这一精元的“运作方式”因其运行领域——不论在金属上、人体中还是炼金术士的实验室里——而各有不同。“哲学之汞”能从“金属精子”中生成金子，从人的精子中生成人。

大约在17世纪70年代早期，牛顿写了一篇非常出色的论文，详尽讨论了一些类似的主题。这篇论文以其首行文字——“关于大自然体现于生长中的明显法则与进程”——而为人所知，是牛顿所有论文中最重要的少数几篇之一。这篇文章讨论了嬗变、凝

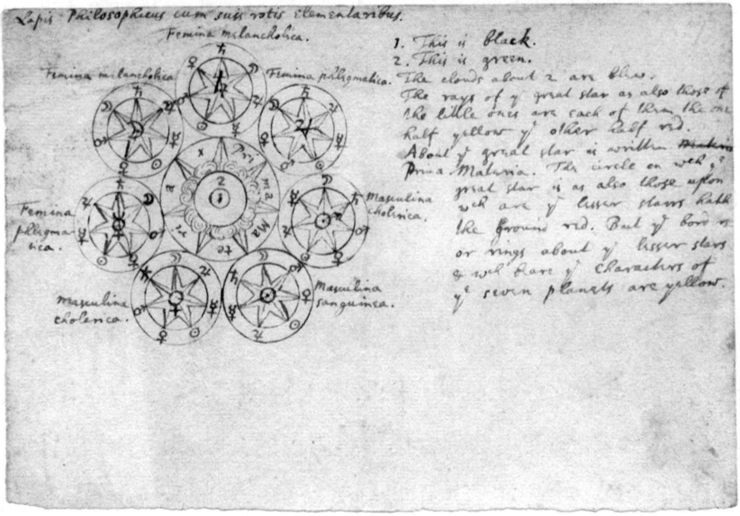

图8　牛顿所画的哲学家之石。这种物质可以帮助将贱金属转变为金子或者使人返老还童、获得永生

固以及自然乃一位永远“进行循环工作的工人”等许多主题，这些主题将在他不同领域的工作中再三出现。在像论文提纲那样进行了标号的标题之下，牛顿写道支配植物生长的那些法则同样支配着金属的发育。利用炼金术就可以将金属之中的“潜在之灵”发动起来，从而使金属开始生长。如同艺术一样，大自然只能培育自然物的各种“原型”或形式，但并不能创造它们——创造乃上帝的杰作。

牛顿认为，虽然动物界与金属界彼此有别，但它们之间也有好几个“一致”的领域。正如我们所看到的，对牛顿而言，在实验条件下培育金属的情形类似于大自然从事自己工作的方式。的确，正因为金属是活生生的东西，所以它们拥有影响动物的巨大能力——不论是裨益还是损害。这一点可从以下几方面看出：春天具有复苏万物的力量，空气中金属粒子数量及类型的变化会带来“健康或多病的年月”，还有人们注意到覆盖矿藏的土地常常是不毛之地。矿物可与动物的身体结合，成为动物身体的一部分。“如果矿物中没有一种生长素的话，它们是无法做到这一点的。”

牛顿声称，与所谓的“庸俗”化学中的变化一样，大自然的行动要么是“生长性的”（或“繁殖性的”），要么是纯“机械性的”。有时候，物体结构的变化是由其组成粒子的“机械结合或分离”引起的；但更多的时候，结构的变化是“潜在生长物质”通过更高贵的方式达成的。大自然有其“微妙、秘密而高贵的运作方式”，远远胜过我们在普通化学中发现的运作方式，而炼金术士努力模仿的正是大自然的这种运作方式。大自然繁衍行为的基础与“媒介”是位于物质核心的“种子或精子管”（其周围有一层湿润的覆盖物）。牛顿将这些“种子”称作大自然的“火”、“灵魂”与“生命”。它们只占物质“很小的一部分，而且小得令人难以想象”。但如果没有它们的激活作用，物质充其量只是一团“死土与淡水的混合物”。虽然由粗大物质组成的物体在极热条件下经常都不会受到什么影响，但是其种子的“效力”却会为超过其临界值的一点点温度升降所终止或破坏。种子发挥“效力”的核心在于生长：“成熟的”种子会作用于另一种物质不大成熟的部分，使其变得跟自身一样成熟。在这份手稿的另一部分，牛顿将物质的这种微妙成分称为“生长之灵”。万物都拥有同样的生长之灵，只不过在不同物体中，生长之灵的成熟程度或“被消化”的程度不同罢了。当成熟程度不同的生长之灵混合后，它们就会“开始发挥作用”，腐化，“深度混合，不停运作，直至达到一种次消化状态”。

这篇论文还讨论了炼金术士该如何通过仿效自然，利用生长机制来产生一些非同寻常的现象。炼金术士要做到这一点，首先必须将物质还原为一种“腐烂的混沌状态”，并且“所有腐烂的物质自身都可以生出一些东西”。虽然彻底的腐烂只会产生“一种黑色的、恶臭的腐败之物”，但适度的腐烂却能从物质中“分离”出一些东西，因而是生殖与获取营养的必要条件。如同在大自然中一样，腐烂的发生要在“温”热条件下在潮湿的物质中进行，而寒冷或过热的温度则可能阻止腐烂的发生。炼金术可以助长自然对任何东西的作用，由此得到的产物不见得就不如自然单独产生的一样“自然”。“难道身体不适的母亲生下的孩子不算自然？难道在花园中栽种和浇灌的树木不如野外独自生长的自然？”人工技术可使百年橡树进行繁殖，而将矿物“进行适当的安排，使其具有一定的湿度”，就能使矿物“腐烂变质”。

矿物宇宙

牛顿认为，金属转变为“稀薄而不稳定的烟气”后，能够渗透水（或其他液体）并“将其充满”。在冷水中，这些烟气会丧失其生长力，从而冻结为一种“稳定的”盐的状态。这时再要将它们复原成金属，那将是极其困难的事情。例如，海盐就是由各种各样的金属烟气凝结在一起而产生的一种混合物，而且其中的“盐簇”还能够结合形成长长的水晶管。烟气或蒸气的这种凝结趋势可从雨水经过蒸馏分离为不同组成成分的过程中看到，也可从水容易与矿物质结合形成岩上生长物的趋势中观察到。

将各种烟气的“不可见蒸气”混合，就可产生最“亲密”的凝结效果，从而得到“构造”更“松散而稀薄”的凝固物——比如“硝石”。牛顿将硝石称为一种“活力”，认为这种元素是“火与血……以及一切植物的酵素”。在这些蒸气稠化的过程中，能够产生硝石的湿润部分也会产生盐，但由于冰冷的海水会抑制这些更稀薄的蒸气，所以在海水中永远找不到硝石。在更稀薄的亚硝状态下，盐也会发酵腐败，但纯盐本身则是“死的”。不过，通过自然或人工的方式，可“用处于活性生长状态的其他物质”来“促使”盐的生长。碱盐可用来保存肉，这是通过盐的粗粒子实现的。但在特定的条件下，盐的“潜在素”会被引发，进而对其他元素产生“有力的”影响。处于这一状态的硝石一般被认为是火药的来源，是空气最纯部分的来源，也是最能肥沃土壤的矿物。牛顿提出，如果能让盐腐败变质，盐就会成为一种了不起的药物。

牛顿回顾了他早期的理论，描述了一个大宇宙循环体系。在这个体系中，地球向上呼出各种水汽和矿物烟气。随着空气的上升，以太被迫不断下降进入地球，“并在那里逐渐浓缩，跟遇到的物体结合，促进这些物体的活动——因为以太是一种柔嫩的酵素”。由于以太富有黏性和弹性，所以以太在下降过程中会将更重的物体带下去；而且由于以太要比空气精纯，所以以太向下带动物体的速度要比空气上升的速度快得多。这样，地球就像一个巨大的动物或“了无生气的植物”，每天吸进以太来恢复自己的活力。牛顿继续写道，地球上的元素是由以太和一种更活跃的灵混合而成的。这种灵是“大自然的普遍媒介，大自然的秘密之火，一切生长的酵素和要素”。这种灵是“一切物质的物质灵魂”，能够为温热所激活，在本质上也许是由与光同质的东西构成的。这种灵与光都具有“不可思议的活性要素”，两者都是“不断工作的工人”。所有的东西在受热后都会发出光。同阳光一样，热也是生长所不可或缺的，“没有什么物质能像光那样公平地、微妙地、迅速地渗透万物，也没有哪种灵能像这植物灵那样微妙地、尖锐地、快速地侵入物体”。这是一种非凡而丰富的宇宙哲学，其目的恰恰在于揭示生命乃至整个宇宙的活性元素。牛顿后来还会不断地以不同方式提到这些主题。

压碎蝌蚪

牛顿的这种具有明显炼金术色彩的宇宙哲学也以不同的形式出现在了他1675年末撰写的《假说》中。虽然这部写于1675年的作品在他有生之年并未印行出版，但其中所讨论的所有重要主题，都在18世纪早期以“疑问”的形式重新出现在不同版本的《光学》中。牛顿从事的炼金术工作显然旨在揭示普通物质中的活性元素，但他在《假说》中所描述的工作却在一定程度上涉及了针对以太的实验：用罗伯特·波义耳研究空气的那种实验式探究方法来研究以太。实际上，牛顿于1675年初在伦敦见到波义耳的时候，波义耳还就牛顿诱捕“普遍以太”的打算开过玩笑，这一点是很明显的。在同一时间，牛顿也曾就反射与折射跟胡克有过长篇累牍的讨论。牛顿认为，光的反射与折射是由光穿行其中的以太介质的边缘所起的作用引起的。他重提自己十年前的建议，告诉胡克在真空泵中做一个实验就可以证明这一点：在一个抽空了的气泵中，光的反射与折射现象将不会发生改变，从而证明造成反射与折射的是以太，而不是空气。

1675年12月初，牛顿寄给奥登伯格两篇论文。一篇是早先提过的、与有色环有关的《观测论文》。另一篇是一篇简短的论文，牛顿谦虚地称为“另一篇涂鸦小作”。从12月9日开始，这篇论文在皇家学会的每周例会上宣读，当时题为《一个解释我在几篇论文中谈及的光的性质的假说》。牛顿原先从未打算发表这类文章，但他这时却说（无疑是在影射胡克）：“我注意到一些大师们的头脑非常在意假说，就好像我的论文［缺少］一个解释它们的假说似的。”牛顿说他乐观地希望这篇文章将会终止有关他论文的种种争论。

这篇论文提出，地球上的多种现象都是由以太而非空气引起的。以太比空气更稀薄，更细微，更有“弹性”。正如空气是由空气的主体成分［与］各种“蒸气或呼气”组成的一样，以太“部分是由以太富有黏性的主体成分，部分是由其他各种‘以太精’”组成的混合物。以太能够产生像电与磁等相差甚远的现象，这足以证明以太的混合本质。牛顿推测，或许整个“大自然”都是由各种混合物构成的，而这些混合物就是由以太精或以太蒸气经沉淀浓缩而成的。大自然中的各种形状最初由上帝之手直接创造，以后则一直由自然本身的力量来控制。牛顿接着(借用他炼金术论文中的语言)写道,大自然通过“增加、繁殖”的命令,使自己“成了一位彻底仿造那位原型为她创设的东西的模仿者”。

牛顿描述了一个简单的实验,明确显示了电的本质,并再次援引了凝结的概念。在这个实验中,先用力摩擦一块圆形的、上面覆有黄铜的玻璃,不一会儿玻璃下的碎纸屑就会开始跳跃,“灵活地来回移动”。即使在摩擦停止之后,纸屑还会继续“跳跃”,朝各个方向奔腾跳蹿,有的还会在玻璃的底面短暂停留。牛顿写道,显而易见,玻璃中的某种“微妙的物质”被稀释并从玻璃中释放出来,形成了一股以太风。后来,这种物质就会凝固并返回到玻璃中去,由此产生了电引力,将纸屑吸附到玻璃的底面。

十年之前,牛顿就曾对重力的起因有过粗略的思考。现在,《假说》让他有机会公开自己对重力的可能起因的思考。重力可能是由某种非常精纯的精元持续凝固引起的。这种精元是“黏性的、胶着的、有弹性的”,类似于空气中维持生命的那部分成分。这种精元可能会在发酵或燃烧的物体中凝固,然后以重力射线的形式降入地球的空穴中,从而形成“一种娇嫩的物质,这种物质有可能就是地球的营养液汁或者原始物质,从中会长出可生育之物”。然后,地球会向上释放出一股呼气流,这股呼气流会一直上升到大气的平流层,在那里再次“稀释为其最初的[以太]要素”。牛顿又一次使用炼金术文献中的术语,说这样自然就像一位“不断进行循环工作的工人”,将液体转变为固体,将精纯的物质转变为“粗大”的物质,实际上是将一切东西转变为它们的对立面，然后又变回来。在一个更宏大的层面上，太阳也许在完全一样的现象中扮演着一个核心角色，不断吸收以太“来保证自身的照耀”，从而不让行星逃离出去。

对牛顿而言，以太能够解释地球上的大多数现象：是以太赋予发酵、腐烂、融化、反射和折射等活动以能量。更有猜测意味的是，牛顿认为以太也许还能解释“那个令人费解的问题”，即人何以能够移动自己的身体。人可以浓缩或扩展遍布于肌肉之中的以太，肌肉也就随之进行收缩和扩展。无疑，牛顿前一年春天与波义耳进行的关于诱捕以太的讨论就是以这一理论为基础的。在那次讨论中，牛顿曾建议波义耳在真空泵中进一步进行肌肉实验。虽然水是无法压缩的，但波义耳之前还是设法对一只蝌蚪进行了一定程度的挤压，由此表明蝌蚪的“动物液”和毛孔中大概带有的稀薄的以太能够被压缩（或扩展）。波义耳认为空气具有“弹性”或弹力，牛顿还对这个概念进行了修改，假定在通常的情形下，物体里面必须要有一定量的有弹力的或“有弹性的”以太，这样物体才能“承受或平衡外部以太施加的压力”。

在17世纪70年代末的某个时间，或者更可能是在17世纪80年代初的某个时候，牛顿写了一篇非常出色的论文（《论流体的重力与平衡》，现在一般称为《论重力》）。在这篇论文中，牛顿强烈批驳了笛卡儿的这一观念：物体的运动只能参照周围的物体来衡量。对我们来说，这篇文章的不同凡响之处在于牛顿认为空虚的空间实际上充满着各种**潜在的**形状，这些形状能够“容纳”同样大小的有形物体（但与笛卡儿所说的不同，这些形状并不等同于有形物体）。一切空间都是上帝的杰作，但并不等同于上帝。上帝能够使某些空间不可渗透或以某种方式反射光线，从而创造出可感知的物体——“神圣意志的产物是在一定量的空间中实现的”。牛顿认为这一切仅仅通过神圣思想与意愿的作用就可实现。这有点类似于我们随意移动身体的方式。牛顿总结说，如果我们能知道自己是如何随意移动身体的，“经过同样的思考我们应该也能知道上帝是如何移动物体的”。虽然上帝与人相差悬殊，但人毕竟是按照上帝的形象创造的。我们将会看到，这一理论还会出现在牛顿18世纪的主要著作中，只不过规模更为宏大而已。

挤压蝌蚪的实验有助于揭示动物是如何控制自身肌肉的，因此也许还有助于人们理解精神与身体的关系。灵魂操控肌肉运动中流体的相对密度的方式微妙而复杂，不过牛顿还是勇敢地提出了几个假设，其观点的核心是这一理论：动物体液中含有以太式的“动物灵”，但这种“动物灵”并不会从大脑、神经和肌肉外层的毛孔逃逸出去。至于其中的原因，牛顿认为动物身体的某些部分的构造或多或少倾向于收容这种灵，因为有一种“秘密的法则”，能让不同物质之间的以太具有“交际性”或“不交际性”。这一法则会让动物灵待在身体的某些部分中，而不待在其他的部分。这一理论还可解释太阳涡旋与行星涡旋保持分离状态的原因。牛顿提出，就空气粒子而言，我们可以引入某种第三元素，使得原先“不交际”的物质变得彼此交际起来。那么，难道灵魂就不能以同样的方法与以太发生互动吗？灵魂也可以引入一种不同的以太，使肌肉中的动物灵与它们的包裹层彼此交际或者停止交际。

站在胡克的肩上

牛顿在《假说》中称光既不是以太本身，也不是以太的振动性运动，而是从透明体中流出的“某种东西”，但他没明说这种东西究竟是什么。这一观点与胡克在其《显微术》中描述的理论直接对立。牛顿认为在最开始，某种“运动法则”让光加速运行，从而脱离了透明体。不过，他还是不愿说明这是由“机械”原因引起的，还是通过某种其他途径——也许是某种类似于上帝植入动物体内的那种自动法则——而实现的。

牛顿接着说，光与以太能够互相作用，以太会折射光，而光会作用于以太，进而产生热。光也能使以太产生振动，让振动从一个更大的物体中倾泻而过，就像击打一对鼓能使空气产生振动一样。振动空气可以产生声音，以此类比，人对各种颜色的体验也可能是由视觉神经的**毛细纤维**中产生的振动引起的。最强的振动会产生最强烈的颜色。牛顿甚至提议，可以按照将声音“定成”不同音调的方法来分析光。就是在这篇论文中，牛顿（在一位朋友所画线条的基础上）再次使用了八度音的类比，首次公开提出可将光谱分为七种颜色。最后，牛顿试图解释同心环纹何以出现在薄膜中，还有衍射是如何出现的。衍射的问题在1675年春皇家学会的一次会议上引起了争论。在那次会议上，胡克提出了衍射的话题，牛顿宣称衍射只不过是一种折射，而胡克则断言如果衍射是一种折射的话，那它肯定是一种非常新颖的折射。但在《假说》一文中，牛顿则指出他在阅读中发现，早在胡克之前，格里马尔迪就曾做过衍射实验。

提交《假说》一周之后，牛顿给皇家学会去了一封信，在信中又描述了一些可以用玻璃与纸屑来做的有关电的实验。这触发了一股试图重复这些实验的热潮；在此后四十年中，这些对电现象的即席观测实验都长盛不衰，由此可见牛顿影响的深远和创意的新颖。不过，牛顿当时更为关注的是他与胡克愈演愈烈的关于光学现象的争论。12月16日，在皇家学会宣读《假说》第二部分的时候，胡克站起来说牛顿的大部分假说在他的《显微术》中都可以找到，牛顿只不过"在某些具体方面"将其深化了而已。牛顿听说此事后，立马向这位格雷欣学院[①]的教授连本带息地回敬了两大赞语——缺乏创意，涉嫌剽窃。牛顿称胡克在《显微术》中有关以太引起光学现象的解释与笛卡儿"和其他人"著作中的解释没有什么两样；胡克从人家那里"借用了"许多学说，只不过他将借来的理论应用于薄膜现象和有色体的研究，稍稍拓展了一下罢了。

牛顿继续说，除了在以太振动这一大体概念上一致之外，他与胡克没有多少共同之处。胡克假定光等同于振动的以太，而他并不这样认为。他对折射和反射的解释、对自然物何以产生各种颜色的解释都和胡克的解释相差甚远。实际上，他的薄膜实验

① 一所独特的高等学府。该院既不招收学生，也不授予学位。自从1567年根据托马斯·格雷欣的遗嘱成立以来，格雷欣学院就一直致力于为大众提供免费的公开讲座。

“摧毁了胡克关于光与色的一切论述”。牛顿的这封信在12月30日举行的皇家学会会议上宣读了。毋庸置疑，胡克对牛顿和奥登伯格感到非常恼火。两天后，胡克便成立了一个“哲学俱乐部”（其中包括克里斯托弗·雷恩等他的支持者）。在这个俱乐部中，他再次指控牛顿，称牛顿实际上从他的《显微术》中拿走了大批的材料和理论。

1676年1月20日，皇家学会宣读了牛顿的另一封来信。随后，胡克匆忙给牛顿写了一封和解信，在信中指责奥登伯格在他俩之间挑唆。胡克知道牛顿想听什么，所以在信中辩称他非常讨厌通过印刷物来进行辩论和争斗，并郑重说明他非常看重牛顿“卓越的专题论文”。胡克声称他很高兴看到牛顿“支持并改进”那些他很早就想到但由于缺乏时间而未能完成的想法。这一说法像信中的其他评论一样，也是一把双刃剑。不过，虽然胡克在信中还说了一些类似的评论，但他对牛顿的能力的确赞誉有加，说牛顿的能力远胜于他。在信的结尾，胡克说他很愿意和牛顿进行私人通信，如果可以的话，他愿通过个人信件来提出他的一些异议。

正是在此背景下，牛顿写了他那封著名的回信，在信中说如果他曾看得远一些，那是因为他站在巨人肩上的缘故。他告诉胡克，私人通信更像磋商，他非常欢迎，因为“在众目睽睽下所做的事情除了探询真理之外，很少有不带别的考虑的”。牛顿抛开他致奥登伯格的信函中强调的重点，转而称赞胡克的工作超越了笛卡儿，说胡克可能做过一些他本人尚未做过的实验。信的最后一句话可以有两种解读。他们两人交流中所用的许多措辞都有这个特点。如果说牛顿和胡克此后多少有了一些和解的话，这种和解也仅仅持续了四年的时间。

与胡克的这个尴尬事件结束后几个月，牛顿写信给奥登伯格，谈论波义耳新近匿名发表的一封关于"炼金术之汞"的信。该信说将汞与金混合在一起，汞就能加热并溶化金。牛顿怀疑这种汞有可能通过"粗大"的金属粒子对金子产生了作用，因而在医学操作或炼金术操作中可能毫无用处。牛顿还说，波义耳不再就该主题发表文章，实乃明智之举。的确，"如果炼金术士的著作中真有什么真理的话，如果我们想避免对世界产生大的损害的话，不进行传达"也许"能将人们领向某种更高贵的东西"。波义耳应该采纳"一位真正的炼金术哲学家"的忠告，因为一位真正的炼金术哲学家的判断要比任何人的都珍贵——"（如果那些大骗子所言不虚的话，）除了他们声称只有他们才掌握的金属嬗变之外，还有其他的东西"。后来，牛顿还批评波义耳过于公开，"沽名钓誉"。这一评论无疑在一定程度上与上述事件有关。

炼金术式的天体演化学

1679年2月，牛顿给波义耳去信，谈及他俩早些时候关于"物理性质"概念的讨论。那次讨论很可能就是在他1675年春前去拜访波义耳时进行的。这封信无疑取材于他的炼金术研究，虽然也涉及他在1675年的《假说》中表达过的更传统的哲学观点（而且在许多地方都是对这些观点的总结）。牛顿告诉波义耳整个大气中都弥漫着一种有弹性的以太，并重复他在《假说》中的评论，说这种以太可以解释许多普遍的现象。他再次援引自己的“交际性”理论来解释为什么有的金属需要经过一种“合适媒介”的处理，才能与水或其他金属进行混合。信的其他部分则来自他的炼金术研究。牛顿告诉波义耳，想想地球的内部如何通过持续发酵产生了空气物质，那么认为大气中最持久的部分是金属的想法也就不那么荒唐了。最恒久的那部分大气是“真正的空气”，因为包含较重的金属粒子，所以它刚好处于地面之上、更轻的蒸气之下。不过，它并不是空气中能够赐予生命的那部分，“如果没有飘浮其中的那部分更柔嫩的蒸发物和精气，它就不能给生物提供任何养分”。在信的最后一段，牛顿援引他的以太理论，洋洋洒洒地对重力进行了解释。

在其职业生涯的大部分时间，牛顿都执着于他的以太假说和炼金术活动，只不过大都是在私下进行的。在17世纪70年代末和17世纪80年代初，牛顿孜孜不倦地进行了一系列炼金术实验。1687年春，他一完成《原理》的编撰工作，就立马又投入到炼金术研究上来。他在这方面的工作大都是组织和评估不同的文献，不过在17世纪90年代早期，牛顿又突如其来地进行了一系列密集的实验活动，其时他的朋友法蒂奥·德·杜伊连尔担任他和伦敦一些炼金术士之间的联系人。17世纪90年代后期，牛顿移居伦敦，之后他活跃的实验活动似乎逐渐消失了，但他依然致力于研究炼金术传统中的一些核心主题，而且依然坚持炼金术的基本见解——大自然中充斥着一种微妙而强大的活动。

偶尔，牛顿也会将他的炼金术活动向别人透露一点儿。1680年年末，牛顿正在进行一系列长时间的炼金术实验，这时剑桥大学基督学院的托马斯·伯内特前去拜会牛顿这位剑桥最出色的自然哲学家，向牛顿请教上帝有可能是怎样通过自然途径创造地球的。伯内特1681年出版了《关于地球的神圣理论》。到17世纪90年代，此书开始流行起来，成为第一本流行开来的物理神学类著作，不过那时该书的基础已改为牛顿《数学原理》中的哲学了。

牛顿告诉伯内特，山岳与海洋的创造最初可能是由太阳的热量引起的，或者是由地球涡旋与月球涡旋压迫原始水域而导致的。地球会朝赤道方向蜷缩，使赤道地区“更加凹陷”，从而使海洋的水聚集到那里。此外，创始的头几天持续的时间应该要比现代时期长得多，这样才能给予创始的进程以足够的时间，使其变得接近世界今天的样子。为了理解原始的混沌状态是如何分化为山岭与空穴的，牛顿又转向他那篇关于“金属的生长”的论文中所做的分析。在那篇论文中，牛顿指出固体常常是在溶解中生成的。例如，硝酸钠会溶解于水，进而结晶为长长的盐条。除此之外，地上混沌的其他部分在太阳的热量下会干涸收缩，从而形成一些隧道，让水下降到地下，也让像间歇泉和矿井中的“烟气”那样的“地下蒸气”从地下深处升上来。

在一篇关于《圣经》诠释的重要文章中，牛顿也批评了伯内特关于应该如何理解摩西的创世描述的论述。摩西说上帝在第四天创造了两个光体（即太阳和月球）和星星，但我们不应认为这一描述暗示这些天体实际上就是在那一天被创造的，而且摩西描述的也不是这些天体的物理实在，“它们中有一些要比这个地球大得多，而且也许是可居住的世界，说它们是光体仅仅因为它们是这个地球的光源而已”。摩西说光是第一天被创造的，牛顿对此也采用了类似的诠释办法。虽然摩西为了适应无知大众的感知能力而“调整了”自己的语言，但并不能因此就说他的描述是假的。牛顿说摩西关于创始的叙述不是“哲学上的或伪造的”，而是**真真确确的**——“摩西的任务并非是纠正哲学事务中的世俗观念”，而是“尽可能优雅地提出一种适应世俗之人的感觉与能力的创世描述”。

除了在致伯内特的信中有所暗示外，牛顿还在1693年初致理查德·本特利的一封信中指出，其他世界的存在并不是不合情理的。牛顿的“哲学问题”笔记本也显示，早在学生时代，牛顿已经有了大火灾之后会出现“一系列连续世界”的极端想法。在1694年，牛顿告诉戴维·格雷戈里，彗星具有一种神圣的功能，而木星的卫星是造世主留下以备新的创世之用的。

在生命快走到终点的时候，牛顿跟约翰·孔杜伊特有过一次非常特别的谈话。牛顿告诉孔杜伊特，太阳发出的光与其他物质曾经结合形成一颗卫星，这颗卫星通过吸收其他物质进一步形成了一颗行星。最后，这颗行星成了一颗彗星，而这颗彗星为了获得补给，到时将会重新落入太阳。他还说这颗彗星有可能就是1680年出现的那颗大彗星。这颗大彗星在不算太久的将来会撞入太阳。一旦发生此事，这颗彗星将会急剧增加太阳的热量，甚至会将“这个地球烧焦，地球上将没有动物能够存活”。这似乎能够解释1572年和1604年出现的超行星现象。这一切可能将在接受上帝指导的更高级的“智能存在”的监督下进行。牛顿继续说人类在这个星球上的存在是有限的，并暗示神圣力量可能会向这个星球“重新赋予人类”。听了这话之后，孔杜伊特指着《原理》中牛顿提到彗星补给恒星的一段话，问牛顿为什么没有明确说明这对我们的太阳系有着怎样的含义。显而易见，世界末日的话题在那时显得很有趣，所以牛顿以少有的诙谐语调说，那个话题“与我们关系更大，并笑着补充说他已经说得够多了，人们应该能够知道他的意思”。

第六章

少数蒙选者之一

牛顿进入三一学院的时候，学院体制异常重视对神父著作的学习，当然还有对《圣经》的研习。大概是在17世纪70年代早期的某个时间，牛顿成了一个激进的反三位一体教义者。他认为传统的圣三位一体教义是一种莫名其妙、恶魔一般的腐败产物，是基督后第四个世纪中由那些曲解经文者引入的。牛顿逐渐相信，正统基督教派的创建者亚大纳西与许多僧侣、教士以及东西罗马帝国的皇帝们一道，将一些新词引进了基督教，从而败坏了基督教的教义；这些人还将捏造的经文插入《圣经》和教会教父的著作，将他们那些堕落的支持者塞满教会理事会。在牛顿看来，他们计划的核心就是这一骇人听闻的观点：基督在身体上也等同于上帝。牛顿相信上帝选择了自己来发现基督教衰落的真相，并且坚信这项工作是他将从事的最最重要的工作。

1674年年末，牛顿需要得到不领圣命的特许，这表明那时他已牢固确立了异教思想。虽然像其他本科生一样，牛顿在“了解你的敌人”的原则之下，得以阅读当时反三位一体教义的著作，了解其中类似的观点。不过，若说有人鼓励牛顿接受这些信条，那几乎是根本不可能的。不过，正统基督徒视反三位一体教义的观点为可怕的异端思想，法令汇编中对那些贬低基督本性的人也有严厉的惩罚规定。终其一生，牛顿一直都在掩盖自己的宗教思想，只向两三个知名的支持者透露过。

牛顿早期的许多笔记都流露出一些反天主教的痕迹，而这对当时的剑桥学生来说是理所当然的。反对天主教教义是可以接受的，但牛顿视基督低上帝一等的思想却是不可接受的。在早期，牛顿逐渐相信经文中的大量证据表明，基督并不等同于圣父，而要低圣父一等。那些支持三位一体的经文要么是插入《圣经》中的腐败言辞，要么是对经文“牵强附会”的误读。在《圣经》的很多地方，基督——被创造的圣言或道——承认自己是低上帝一等的存在。如果基督拥有神的力量——牛顿认为基督的确拥有这些力量，那也是上帝授意的结果。上帝允许他的儿子自我贬抑，牺牲在十字架上。正是这一点使得基督值得受人崇拜，而不是作为上帝而受到崇拜。道在圣女之腹中变成肉身，基督遂成为圣子。在十字架上殉道的正是这一神圣存在，而非一个人的灵魂与神圣之道的混合体。最后，基督的复活也是借由上帝的旨意而实现的。

巴比伦淫妇只有一个

对牛顿而言，三位一体教义不仅难以理解，而且根本就是假的。正统基督教用晦涩难懂的形而上的论据维护三位一体教义，通过武力直接或者用异教习俗将其淡化后强加于异教徒。牛顿非常重视基督教基本教义的简明性，强调只需相信有关基督的很少的几个信条，就可获得得救的信心。这几个信条就是保罗所说的给婴儿的奶，包括：耶稣是《旧约》预言的弥赛亚；耶稣是上帝之子，在圣父面前降尊牺牲在十字架上，然后又为上帝所复活；耶稣终有一天将再临，届时会审判“活人和复活的死人”。不过，《圣经》中也有更深的真理或“给成人的肉”，以供那些经过洗礼、被纳入教会的“成年人”获知。这些知识需要经过长期的研习才能获得，但并不是基督教信仰所必需的，而且基督徒们不应参与关于这些知识的争执，以免导致教派分裂。

研习经文最重要的对象是预言，尤其是《新约》最后一本书《启示录》中的预言。在理解《启示录》所需的主要方法上，牛顿与17世纪那些最主要的新教《圣经》注释学者意见一致。像那些注释家一样，牛顿相信《启示录》中的那些比喻指的是4世纪末开始的善恶之间的一场大战。其中的关键象征和描述指的是真正的教会受到迫害的具体时期和真理的敌人横行无忌或者被正义之士征服的具体时期。的确，一些解读方法——比如牛顿在剑桥的先驱约瑟夫·梅德所做的工作——非常通行，以至于牛顿认为自己所做的不过是在解经先驱们的根本“发现”上添砖加瓦。显然，牛顿至少与一个同代人（亨利·莫尔）讨论过一些解读预言的技术性问题，但并没有透露这些问题对基督教的历史有什么意义。这完全符合他一贯的谨慎做法。

几乎可以肯定的是，在1675年到1685年间，牛顿写了一部阐释《启示录》的洋洋大作，提供了“诸多证据”来证明自己的见解，就像他在《原理》中用许多证据来证明自己的观点一样。一开始，牛顿就宣称自己“通过神恩”获得了理解预言式著作的知识，现在则到了透露他的证据的时候了。他有责任、有义务传授这些证据的含义，以启迪教会。这里的教会并不包括所有的基督徒，而只涉及

> 一部分残存者，即上帝拣选的少数人。他们散居在各地，不盲从自己的喜好、所受的教育或人世的权威，能够真心诚意地寻求真理。

现在，研究经文是“这一至伟时刻的责任”。基督徒如果不能正确地辨别基督复临的征象，他们必将受到责难，这责难与当初犹太人因未能认识到耶稣就是他们的弥赛亚而受到的责难一样严厉。只有心灵纯洁的人才能明辨基督复临的征象，但做好此准备的人为数不多。牛顿称，真正的忠信者也会貌似卑劣，并会因此而被识别出来，而“世人的谴责”则是真正教会的特征。

要对《圣经》进行解读，关键是要按照一系列规则将其中的预言“条理化”。这许多规则已成了新教经文注释学的权威基础。例如，除非有特殊原因，给经文中的某一特定地名一般只应赋予一个意思。最初，这唯一的意思可能只是“字面”意思，但偶尔也可以允许一种“神秘”含义。要解读“神秘”含义，必须遵循古代解释者所遵循的解读预言式的“比喻语言”的传统。如果在缺乏这样一个基础的情况下对一段话进行神秘意义上的解读，只能导致错觉。正是这种对经文的肆意解释导致了牛顿所能想到

的各种异端邪说。解释必须“自然”，必须将经文还原为最为“简明”的状态。最重要的是，预言式的异象和形象必须能够根据这些规则彼此协调一致，然后才可与历史事件相联系。《启示录》理解起来虽然比较困难，但经过正确的译解，就会对真正的教会产生举足轻重的意义。真正的宗教并不能像欧几里得几何那样为确凿的证据所证实，而且只能使少数一些人信服，但事情就应该这样。牛顿总结说，真正的宗教“能获得那些蒙选者的认同”，而这就足够了。

根据自己的计划，牛顿利用好几种不同资料列出了一个关于预言的“定义”清单。在预言“文体”中，太阳指一位国王，月球指国王手下之第一人，而星星则指王国中的伟人们。地球指地上的列国或者一国的普通大众，而海洋也指列国或一个民族。地球与海洋在一起时则指两个不同的民族。有时候，一个词会指一个以上的事物，所以一座山根据上下文可以指一座城市，也可以指一座庙宇。

列出这些定义之后，牛顿进而展示了不同的异象是怎样彼此相连的。《启示录》中的一些象征是“连续的”，即它们指的是或前或后发生的事件；其他的象征则需被视为“同步的”，即它们指的是同一时期的不同方面。不过，如前所述，要先将这些象征之间的联系展示出来，然后才可以把它们与具体事件联系起来。牛顿总结说，几乎所有的解释者都认为《启示录》中在预言开始的时候，展示给约翰看的七印指的是连续的时间。头六个印指的是大叛教发生之前的一段时期。例如，在第五个印里，有一位临盆的女人和一只等着吞噬婴儿的红色大戾龙（撒旦）。这些描述刻画了真正的教会（那位女人）未来的命运以及她的后代（那位“男孩”）将会面临的巨大危险。

第七个印揭开不久，就从大地出来一只兽。《启示录》中说这兽有两只角，可是说话像条龙。这兽迫使所有的人在他们的额头上打下一个代表兽的数字（666）的名号。《启示录》中将那些敬神者描述为十四万四千位蒙选者，他们得到了上帝的印记，被一位天使密封起来。在另一个幻象中，羔羊（基督）站在锡安山上，身边是那些蒙选者，他们额上都有上帝的名字。那条戾龙从口里喷出一股洪水（牛顿推测，这股洪水指的是腐败堕落的群众，因为经文中经常用海来表示这类人），那位受到迫害的女人（真正的教会）则试图逃到荒野，并在此过程中得到了“大地”（也就是那些敬神之人）的帮助。经过一小段时间后，大多数释经者都会转向用“吹奏七个号角”的象征来解释不久之后发生的事情。号声之后，从海里上来一只十角兽（一种比大戾龙更为可怕的新家伙），兴起了一种显赫的十角兽宗教。接着，两角兽借助假奇迹，诱使大众崇拜十角兽，由此在地球上建立了一种新的宗教。大多数新教教徒认为这里指的显然是罗马天主教的兴起。

后来，七碗上帝的震怒被倾倒在盲目拜兽的信徒身上。大多数新教释经者都认为这一描写象征着后来的新教改革运动。但是牛顿却让每一个“相应”的碗与每一个号角“同步”，接着又将这些与那七声响雷的象征协调一致。牛顿认为，之所以要加上那七声响雷，为的是让七碗、七号角与七雷声之间的“间隔”得以描

图9　巴比伦的淫妇。阿尔布雷希特·丢勒绘于1498年

绘与代表兽的数字的名号一样的秘密（666）。这样，每个在数字次序上对应的碗和号角实际上描述的是同一个时期的两个不同方面，彼此丰富了对方描画的景象。在这里，牛顿并没有将碗专门留出来当作对新教所受磨难的具体描述，这说明牛顿明确暗示，宗教改革运动几乎没有对那个兽性帝国的权力膨胀产生一丁点抑制作用。

第五个号角吹响之时，那兽的力量急剧加强，并向那位女人后裔中的“剩余者”开战。大多数新教注释家——牛顿也不例外——都认为，这里所预言的时刻实际上宣告了一段漫长时期的开始。《启示录》中那些再鲜活不过的形象就是用来描述这一时期的。这就是罪人或反对基督者统治的时期。《启示录》将反对基督者描述为假先知或两角兽，而假先知或两角兽后来便蜕变为巴比伦的淫妇。牛顿这样解释两角兽：“两角兽是一个信奉异教的基督教会国家；以此而言，两角兽就是一个十足的淫妇。我们没有理由认为《启示录》中所说的淫妇不止一个。”这段时期直到第六个印的末尾才结束，（在《启示录》中）持续了1260天。在此期间，那位身处荒野的女人为兽所逼，不得不一直待在荒野。那兽与圣徒和烈士作战，大肆杀戮圣徒和烈士，而世间的国王们却与那个淫妇通奸，并对她顶礼膜拜。

按照牛顿的理解，第六个号角（对他而言还有第六个碗）指的是离道叛教活动达到顶峰的大灾难之时。那时福音已传遍每一个国家，那些幸存下来的敬神者对上帝感恩戴德。最后一个号角和最后一个碗描述道，许多人手拿棕树枝从不同的国家赶来，上帝的羔羊给他们吃的，将他们送到生命的水源那里，而上帝则为他们擦去眼中的泪水。羔羊与他未来的妻子团圆了；在传统上，这一象征被理解为基督、圣徒与烈士重聚在一起。

视预言为历史

牛顿和同时代的那些激进的新教徒沉迷于解读这些以及其他的预言象征。对他们而言，这些象征本身就具有意义。不过，要充分阐明这些象征的意义，仍需将其“应用”于历史事件。在列出自己的预言定义之后，牛顿接着分析了教会的历史。在分析中他交替采用“命题”或“假定”的形式，让人感觉好像一篇数学论文似的。例如，牛顿认为第五个印指的是公元4世纪初戴克里先皇帝对基督徒的迫害与杀戮。君士坦丁大帝的出现带来了下一个印，即基督教成为罗马国教的那段时期。基督教之所以会成为国教，（牛顿认为）是凭借淡化自身的教义以迎合异教徒而做到的。337年，君士坦丁去世，罗马帝国分裂为东罗马与西罗马，而（在牛顿看来）西罗马的出现对应的就是那只十角兽从海中上来。

君士坦丁的两个儿子分别成了东、西罗马的首领，但他们的宗教观念并不一致。君士坦斯倾向于认同三位一体教义或者牛顿所说的“本体同类论”[①]。君士坦斯的弟弟（君士坦提乌斯二世）则支持阿里乌斯派主张。阿里乌斯派主张得名于坚信基督的地

① 认为圣子耶稣与圣父上帝分具互相类似的两个本体，既反对圣子与圣父本体统一，也反对圣子与圣父本体互异。

位要低上帝一等的阿里乌斯牧师。牛顿写道，到364年，兽的宗教受到了公开的崇拜，其形式便是崇拜偶像，例如崇拜“死人的骨头和殉教者的其他遗物”。偶像崇拜与鬼魂崇拜一道，很快就通行天下，“就像自古以来就是这般一样”。现在，魔鬼在地上肆无忌惮地要弄牛顿所说的“他狡猾的伎俩”，用虚假的、恶魔的奇迹引诱无知的大众。按照牛顿对事件的理解，这一预言体现的就是信奉三位一体教义的罗马天主教获得了胜利，而敬神的阿里乌斯派信徒则受到了迫害。

380年，亚大纳西的三位一体论成了全罗马的官方宗教，大叛教由此大功告成。第七印的启封描述的就是这一事件。在牛顿看来，那些行将侵占有形教会、迫害敬神者的叛教者必是基督徒无疑——只不过是那种“异教的”、堕落的基督徒。牛顿认为，有人可能会狡辩说叛教者只是在外表上信仰基督教，但一个基督徒“能比其他任何类型的人更恶毒”。395年的那第一个号角的号声既与那股可怕东风的象征同时，也与第一个碗的象征同步。它讲述的是“一种恶毒而剧痛的疮”长在“那些带有兽印且崇拜兽像的人身上”。天主教会早期的一些作家无意之中给牛顿提供第一手的证据，表明那一时期的神职人员有多么堕落。神职人员的腐败堕落使得上帝安排罗马帝国东部游牧民族哥特人起而攻击他们。天主教徒血腥地迫害那些想要脱离天主教主教会的基督徒群体——牛顿认为这是再可悲不过的，但哥特人却通过一系列野蛮的事件转而攻击罗马本身，最终于410年洗劫了罗马。第二个号角与第二个碗所描述的就是这个事件。

牛顿接着声称，第三个号角与第三个碗跟那股南风恰好暗合，描述的是非洲天主教徒在汪达尔人手中遭受杀戮的事件。汪达尔人要比哥特人凶残多了。不管怎么说，哥特人虽然偶尔会有残暴的行径，但他们管理罗马的方式还算虔诚正直。牛顿从维克托的《汪达尔人迫害录》中得知了汪达尔人施加给好迫害他人的非洲天主教徒的可怕暴行。牛顿指出汪达尔人嗜杀成性，史无前例。谁不追随他们的迷信做法，他们就谋害谁，就着手实施“那些血腥的迫害，而且这些迫害一直在欧洲实行，直到今天还在天主教会中持续存在”。牛顿怀着非常激动的心情一次又一次地写道，汪达尔人连本带息地回敬了天主教徒。汪达尔人的首领根泽里克用烧红的铁板折磨修女，使许多修女变成了残废，牛顿也同意这是“非常残酷的”。不过，天主教徒是不贞洁的，成千上万的天主教徒遭受苦难是神圣正义的体现。牛顿认为其中的关键在于，汪达尔人迫害天主教徒是因为天主教徒道德败坏，而不是因为他们信仰的宗教。

对偶像与圣母玛利亚的崇拜“始于”第四个号角与第四个碗的末期。那时上帝让非洲的天主教会短暂恢复，好让教会里那些傲慢而顽固的神职人员一次又一次地遭受汪达尔人的迫害。从第五个号角与第五个碗开始，“事情”出现了“新的一幕”。《启示录》这样描述道：烟从一个坑中冒出，从烟里涌出一大群蝗虫——它们在预言式的语言中指军队，这些蝗虫不得伤害各种生物，只可伤害那些额头上没有上帝的印记的人。

在第六个号角与第六个碗期间，一位天使放开了幼发拉底大河所捆的四个天使，准备让骑着狮头战马、穿着鲜艳盔甲的骑士杀死“人类的三分之一”。那些照常崇拜鬼魂和由金、银、铜、石、木造的“看不见、听不见、走不动”的偶像的人们受到了谴责，那些犯了凶杀、奸淫和偷窃等罪行却仍不悔改的人们也受到了谴责。

第六个碗描述的是幼发拉底大河干涸枯竭，从龙口、兽口和假先知的口中出来三个邪灵，状如青蛙。它们是邪魔之灵，会行奇迹。它们让诸王与异教徒为哈米吉多顿大战做好准备。

牛顿对教会历史的这个分析可谓新颖独到，惊世骇俗。在17世纪七八十年代，这一分析曾占据了牛顿的大部分心思。牛顿使用的分析技巧与同代那些激进的新教徒所采用的差不多，但是他的结果却彻底颠覆了各派正统基督徒所坚信的历史上的英雄与恶棍。实际上，就在牛顿编撰他的《原理》的时候，他同时在撰写一篇具体而详尽的评论，剖析天主教徒是如何满足第六个号角与第六个碗所描述的条件的。在此评论中，牛顿将天主教徒称为“巫师”和“术士”。鉴于最后一个号角和最后一个碗之前的许多事件尚未发生，牛顿在此也表现出了他从事哲学工作的谨慎态度，说他不愿冒险去揣测未来之事的具体性质和发生时间。相反，他认为自己的工作是对预言在历史中的应验进行观察，并在事实的基础上进行分析。在18世纪早期，牛顿将未来大事的发生时间进一步推后，认为在基督再临之前，还将有一段很长的腐败时期。

第七章

神圣之书

1679年6月初，牛顿的母亲死于一种热病。这病显然是她在照顾牛顿的同母异父弟弟本杰明时染上的。牛顿返乡照料生病的母亲并处理庄园事务，前后花去了大约六个月的时间。但不要忘了，在此期间，他每天还会花好多个小时来思考神学问题。11月底，牛顿从伍尔索普回到剑桥。回来后的第二天，他就回复了罗伯特·胡克的一封信。那时候，皇家学会的例会上早已不见了科学创新的乐趣。作为学会的秘书，胡克恳求牛顿将他可能想到的任何“哲学”问题与学会进行交流。胡克还问牛顿如何看待他的这一理论：利用一条惯性路线和一种将一个物体吸向另一物体中心的力来研究行星的运动。这次请教对牛顿发展自己的轨道力学具有非常重大的意义。

在回信中，牛顿找了个借口，说“我由于忙于其他事务”，多年来已很少考虑哲学了。不过，他还是提了一个关于地球日常自转的“怪念头”：当一个物体从空中落到地球上时，地球的日常自转并不会让物体落到正下方的那一点之后（“这与一般人的观念相左”），而会让物体落在它原来位置的**前面**（即东侧）。这是因为物体在落下之前所处的高度上由西向东运转的速度要大于它

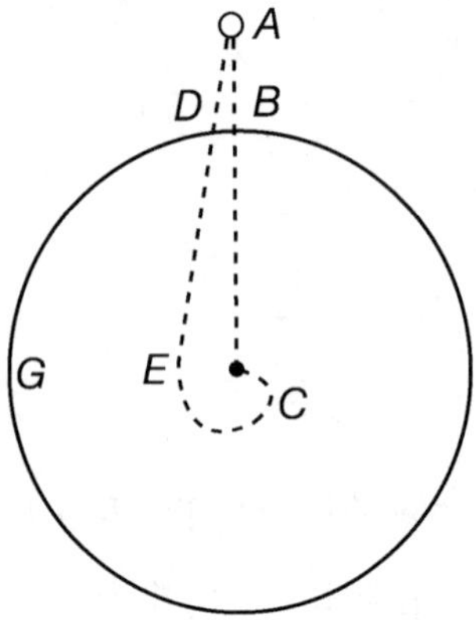

图10　牛顿提出的物体从地球表面正上方落下时途经的路线。在这里，随着地球围绕着C逆时针旋转（即BDG），牛顿假设物体的路线会一直进入地球的表面之内

在离地球较近的位置上的速度。如果将一个物体从一个高塔上扔下，也许就能证明地球每日都在自转。在假设地球没有阻力的情况下，牛顿还画了一个示意图，具体描述了物体落向地球中心的螺旋路线。

胡克回应说，根据他假定的惯性运动以及向心引力，牛顿描述的那样一个物体下落时会划出一个椭圆的形状，而不是一个螺旋。除非遇到阻力，不然这个物体会沿着曲线ΛFG永远运动下去，落到地球中心附近。胡克的这一评论很有见地，在他早期出版的一部作品中也宣扬过。一些历史学家据此觉得胡克在这方面应该得到比牛顿多得多的荣誉，后来的一些评论家也承认轨道力学的基本原理是由胡克提出的。但不管怎样，这些都永远无法改变一个事实：胡克始终未能证明如何从自己的物理原则中推出绕轨运行物体的椭圆运动。

像以往一样，牛顿无法接受别人对自己的纠正。他回信指出，再次假设没有阻力，物体也不会以椭圆路线下落，而会“在其离心力与重力交替压倒彼此的过程中进行或升或降的循环运动”。牛顿的回答表明，他此时距离七年后将在《原理》中采用的天体运动分析方法仍然非常遥远。不过，牛顿也暗示了一种复杂得多的方法：通过连续不断的、无限小的重力元素来解决这个问题。不仅如此，牛顿还暗示他能够处理一种并非维持不变而是从中心向外不断变化的重力。

胡克再次回信，这次透露说他原来就假定物体的重力总是与其到引力中心的距离的平方成反比。胡克说，现在的问题是：

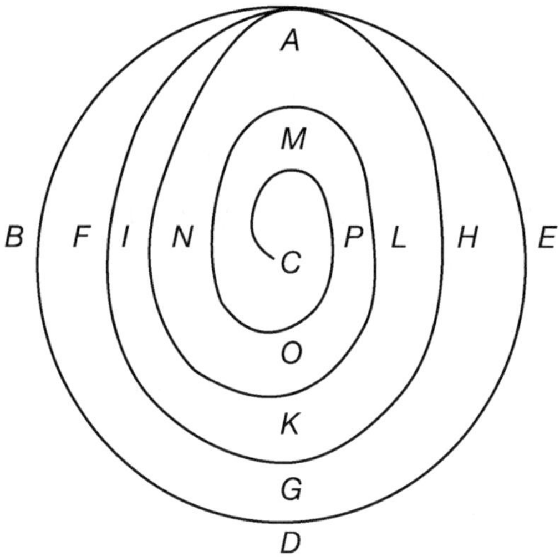

图11　胡克反过来说，除非遇到阻力，否则牛顿所描述的那样一个物体会沿椭圆AFGHA旋转。在有阻力的情况下，物体则会落到地球中心附近

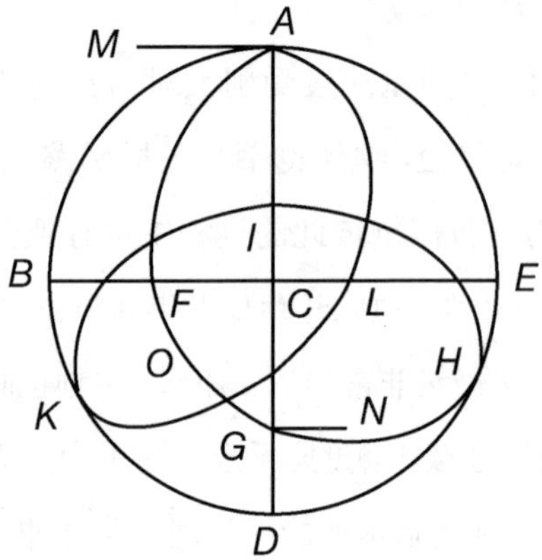

图12　牛顿回信中的示意图。在图中，重力和“离心力”交替压倒对方

如果一个物体被吸向某一特定物体的中心，且其所受引力与它们之间距离的平方成反比，那么这个物体的运行会划出怎样的路线呢？在这里，胡克向牛顿提供了研究直线运动惯性与向心引力之间的新动态关系的关键线索。接着，胡克向牛顿提出了一个相关的问题（胡克与雷恩在伦敦讨论这个问题已经好几年了）：由开普勒第一定律可知天体的运行轨道是椭圆，那么如何将平方反比定律与天体的运行轨道联系起来呢？胡克告诉牛顿，他毫不怀疑“您轻易就会算出这个曲线到底是什么，它有什么特性，并提出这个比例的物理原因”。虽然牛顿后来指责胡克无能，不愿继续与他通信，但牛顿后来还是向埃德蒙·哈雷承认，他与胡克的这次交流引发了他对天体力学的重新思考。的确，大约就是在这个时候，牛顿迈出了重大的一步：用开普勒第二定律来证明一个沿着椭圆轨道运行的物体遵循引力平方反比定律。

牛顿还与首任皇家天文学家约翰·弗拉姆斯蒂德进行了一系列通信。这些通信对牛顿发展自己对天体运动的思考具有同样重大的意义。1680年11月初，天文学家们观察到了一颗灿烂的、让许多人感到恐惧的彗星（即所谓的大彗星），而且在随后的12月，夜空中又出现了一颗彗星。那时的人们还不大了解彗星的状况和运行轨道，其中部分原因在于彗星的出现频率非常之低。笛卡儿曾称彗星是耗尽了的恒星，而大部分天文学家认为彗星沿着直线运行。不过，弗拉姆斯蒂德于12月15日告诉牛顿，他曾经预测11月出现的那颗彗星将会再次出现，所以他提前几天就开始寻找这颗彗星，而且终于再次发现了它。不久，弗拉姆斯蒂德告诉埃德蒙·哈雷，他认为那颗彗星是一颗毁灭的行星，被太阳吸进了自己的涡旋。他说那颗彗星被吸到**太阳前面**的时候在太阳北极引力的作用下偏离了自己原来向南的路径，但同时太阳涡旋的旋转也使得这颗彗星侧向运动（从图13的e点到g点）。太阳继续将彗星吸向自己的中心，但同时逆时针旋转的太阳涡旋则不断地改变彗星的路径。当彗星离太阳最近的时候（在C点），太阳涡旋已将彗星的反“面”对向太阳，这样太阳的引力就变成了斥力。他说彗星的尾巴是大气中的潮湿部分为太阳加热所引起的。

牛顿也对这颗彗星着迷不已。牛顿从1680年12月12日开始观察彗星，一直持续到1681年3月初彗星消失。随着彗星逐渐消失，他还使用功能更强大的望远镜进行追踪观察。牛顿无法接受这两颗彗星本是同一颗的观点，并于2月末对弗拉姆斯蒂德的观点提出了一些尖锐的批评。他说虽然他可以想象太阳会持续不

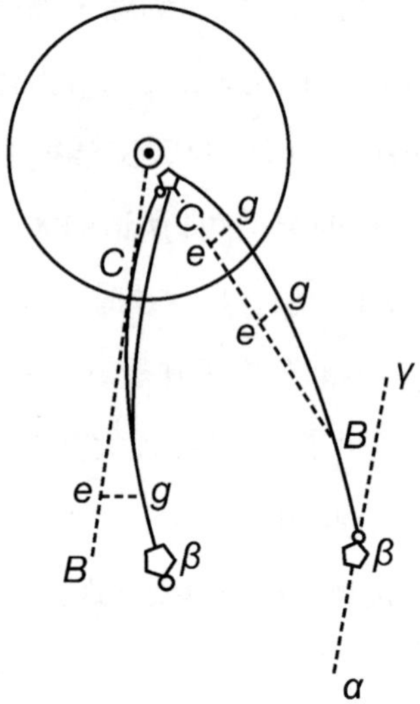

图13 弗拉姆斯蒂德提出的1680年至1681年冬的那颗彗星的运行轨迹。它从右下方的β点开始,在太阳前面的C点遭到排斥

停地吸引彗星,使彗星偏离自己原来的路线,但是太阳对彗星的吸引永远都不会使彗星径直朝太阳方向运行。而且,太阳涡旋只会将彗星推离太阳。就算一颗彗星曾经转到太阳的正前方,它返回的路线也不会是天文学家所观察到的那个样子。此外,假设11月的那颗彗星与12月的那颗是同一颗,那么就会出现这样一个问题:这颗彗星从首次消失到再次现身之间何以会有那么长的一段时间?

牛顿提出,解决这些问题的唯一方法,就是设想这颗彗星转到**太阳的另一面**去了,但其背后的物理机理又不明确。牛顿承认太阳会发出一种向心引力,使行星沿曲线运行,而如果没有这种引力，行星是会采取直线运动的。不过，太阳的这种引力不会是磁力，因为磁石（天然磁体）在高温下会失去磁力。更重要的是，就算太阳的吸引力像一块磁铁，且彗星像一铁块，弗拉姆斯蒂德还是没有解释清楚太阳怎么会对彗星从吸引突然转向排斥。

近一个世纪以来，磁力一直是太阳吸引行星的最佳解释，但牛顿基于对磁体的认识——他在“疑问”笔记本中就有了这种认识——竟然彻底拒绝了这一解释，这具有举足轻重的意义。在后来的一封信中，牛顿说磁铁的“指令性”力量要大于其“吸引性”力量，所以一个物体一旦处于被磁铁吸引的位置，它就会一直处于这一位置，并将永远受到磁铁的吸引。太阳一旦吸引了彗星，就永远不会再排斥彗星。还有，就算的确有一种排斥性的磁力在起作用，这种力量也会在彗星到达近日点（图14中的K点）之前

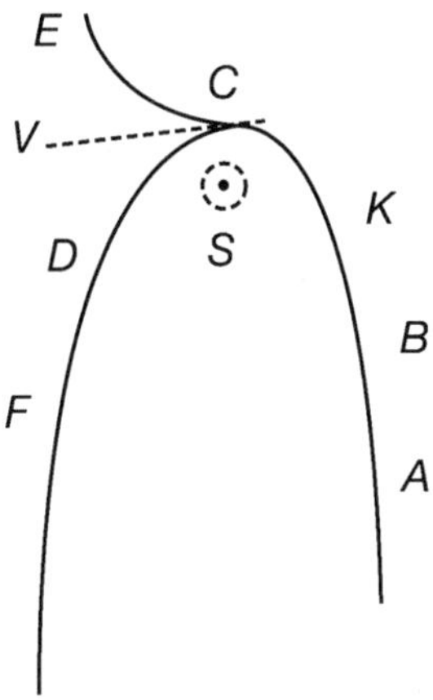

图14　虽然牛顿仍然认为1680年的11月和12月出现的彗星不是同一颗，但他这一虽显粗糙但聪颖独到的图示则表明了同一颗彗星在太阳后面可能的路径

的某个时间就排斥彗星，使彗星继续沿着自己的路径加速离开太阳，绕到太阳的另一侧。

牛顿否认排斥性磁力的存在，这同他的其他观点一样，显得非常新颖独到。彗星如果仅仅受到一种持续的吸引力，就会在离开太阳的过程中逐渐减速，沿着一条接近人们所能观察到的轨道运行。

大约就在此时，牛顿发觉只用一种吸引力来解释彗星也是可行的，从而意识到解决"同一个彗星"问题的办法。但在写给弗拉姆斯蒂德的信中，牛顿还是使用了他致胡克的信中提到的术语，说那种"vis centrifuga"或"离心力"在近日点"超过了"引力，从而使彗星不顾太阳的吸引而倒退开去。离心力就是一个沿轨道运行的物体离开吸引体的趋势（或程度）。虽然牛顿后来会舍弃离心力的概念，但是持续不断的引力这一概念却成为后来《原理》中所论述的更成熟的动力学的基石。这时牛顿离认识到应像对待其他天体那样来对待彗星虽然还有三年之遥，不过已经很近了。

绕轨运行物体的运动

1684年8月，埃德蒙·哈雷前去剑桥拜访牛顿。此前一段时间，伦敦几位名流学者一直在讨论天体动力学的问题。哈雷拜访牛顿就是这些讨论促成的结果。根据牛顿的说法，哈雷当时问他与距离的平方成反比的力量会划出怎样的曲线，他不假思索地说经他演算应该是椭圆形。但当他寻找自己的演算证明时，却怎么也找不着了。哈雷一直等到11月，才收到了牛顿的一篇短篇数学论文——《论轨道中物体的运动》。牛顿在这篇《论运动》中勾勒出的宇宙是一个抽象的体系，其中运行着一个个遵循特定数学规律的物体。牛顿在这里创造了“向心”这一术语，用来描述在其体系中运作的朝向中心的吸引力。他把物体借以“尽力维持自身直线运动”的那种力量定义为“固有力”。牛顿进一步宣称：除非受到外力的作用，否则物体会永远沿直线运行下去。这些将共同构成《原理》中第一运动定律的基础。在标题“假设3”下，牛顿还描述了“力的平行四边形”定则的雏形。这一定则最终演变成了《原理》中的第二运动定律。

在《论运动》的“定理1”中，牛顿证明了开普勒第二定律，这是他整个分析的核心所在。开普勒第二定律适用于一切围绕一个引力中心旋转的物体：物体在相等时间内扫过相等的面积。牛顿的证明方法是将绕轨运动划出的面积分解成一个个无限小的部分。绕轨运行的物体每时每刻都会受到“冲力”的作用，给物体的运行方向带来无限小的改变，由此产生一系列面积彼此相等的无限小的三角形。不过，“定理2”与“定理3”研究的并不是冲力，而是连续力。最终而言，连续力都可按照伽利略发现的持续（匀）加速公式来研究。这样，牛顿就提出了两种力的解释：一种是“冲”力，由质量与速度的乘积（mv=动量）来计量；一种是“连续”力，由质量与加速度的乘积（ma）来衡量。这两种解释处于紧张状态，而且这种紧张状态在《原理》中依然存在。

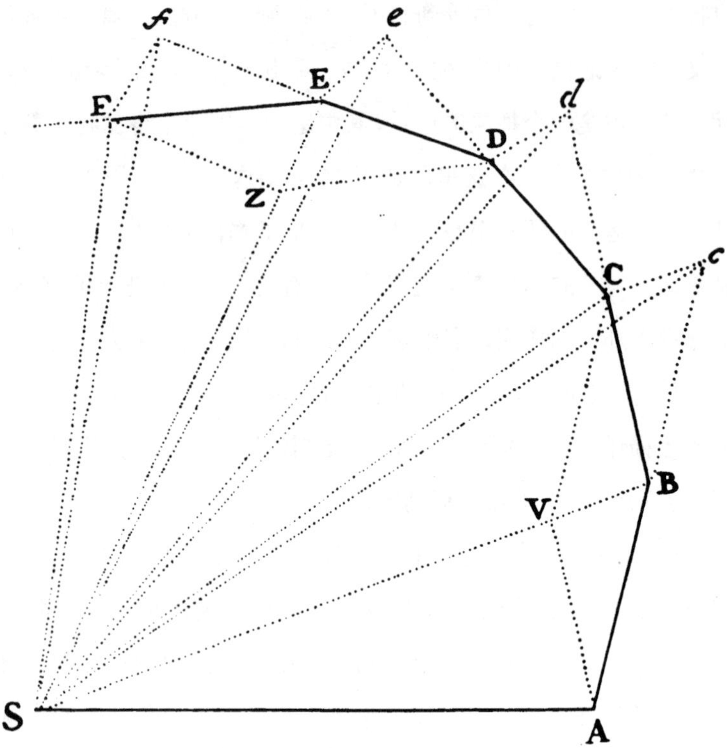

图15　牛顿对开普勒第二定律的证明（见《原理》第一卷，命题1）。一个物体沿路线ABCDEF运行，为一种朝向S的向心力所吸引。可以认为，该物体在相等的时间内在B、C、D等几个点受到一种“唯一而巨大的冲力”的连续推动。这些点之间的距离可以变得无限小，好让其轨迹变成一条曲线。由于SAB、SBC等都是同样大小的三角形，所以该物体在同等时间内会扫过同等的面积

牛顿在“定理3”中表明，绕轨运行的物体受到平方反比力的吸引。他进一步证明，行星就是按照他在论文中勾勒出的定律围绕太阳旋转的此类物体。具有重要意义的是，牛顿在“问题 3 ”下证明了平方反比定律支配着在椭圆轨道中运行的物体。此外，

他还首次将彗星纳入了一个自然哲学的数学体系之中。牛顿也认为，通过更为精密的分析，甚至还可确定彗星是否具有周期性（即是否拥有椭圆轨道和能够定期回归）。在“假设1”下面，牛顿指出他的体系中的物体通过没有阻力的介质运行。不过，他确实也以“问题6”与“问题7”的形式增加了一些论述阻力介质中的运动的内容。

在1684年到1685年的冬天，牛顿与弗拉姆斯蒂德有过一系列有趣的通信。通信表明，牛顿已在试图将自己的分析与行星及其卫星的更精确的实际运行图景联系起来，并且正在测验开普勒第三定律的准确性。在此之前，弗拉姆斯蒂德已读过牛顿11月写的《论运动》。他意识到牛顿在论文中暗示，可以将行星当作像太阳一样具有向心吸引力的物体来对待。与此同时，牛顿还更进一步，假设如果木星支配着自己卫星的运动，那么木星对其他行星也会施加影响，而其他行星反过来对木星也会有影响。在1684年12月的一封信中，牛顿索要有关木星“作用”于土星的资料，但弗拉姆斯蒂德拒不承认相距如此之远的行星能够互相影响。此时的弗拉姆斯蒂德仍然认为就算有这种作用力，也必然是磁力。

1685年早期，牛顿开始修订《论运动》一文。在修改稿中，原来的“假设”上升到了“定律”的地位。虽然此时牛顿离提出万有引力理论还有一段时间，但是他已经提出了这一革命性的宣称：由于行星之间的互动作用无穷无尽且反复无常，太阳系的重力中心并非一直都处于太阳的位置，因此，行星的运行轨道总是不规则的，也永远不会是开普勒提出的那种精确的椭圆。多少世纪以来，人们都视行星的轨道为永恒完美的典范，但实际上它们时时刻刻都发生着微小的变化。牛顿指出，行星的实际运动情况繁琐复杂，非人类的智力所能洞悉。不过在大体上，人们还是可以将行星的轨道作为椭圆来对待。牛顿后来还会这样认为：这样一个宇宙体系能够保持稳定运作，只能归功于一位神圣几何大师的妙手。牛顿在这里还引进了一个论点，这一论点对其后来在《原理》中采用的方法至关重要：既然彗星的尾巴并未出现明显的缩减，那么在宇宙的自由空间中实际上并不存在什么阻碍彗星运行的物质。现在，牛顿也开始考虑这个问题了：以太不仅精

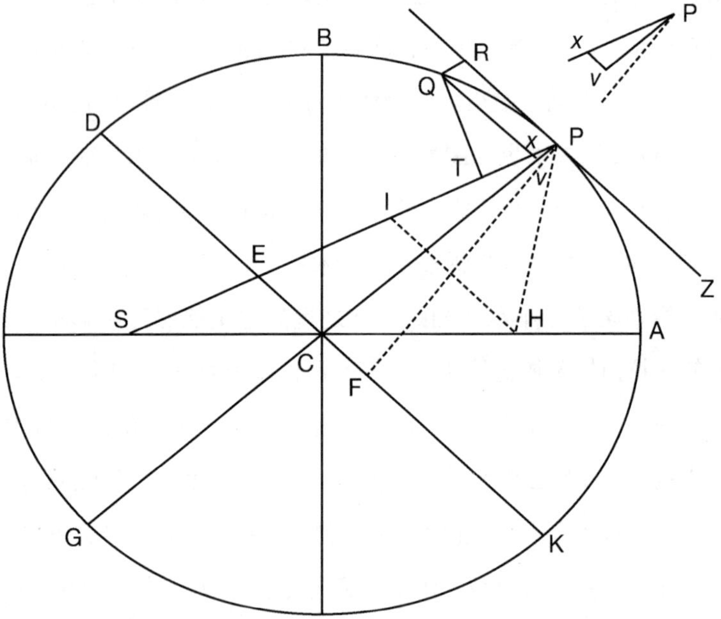

图16 《原理》第一卷命题11问题6的图示。牛顿在此演示，物体P围绕焦点S沿着椭圆旋转，受到一种与距离SP成反比的向心力的吸引

微异常，而且不会产生阻力作用，这样的以太还能被说成是存在的吗？

牛顿对力改变物体运动方式的分析发生了重大的变化，这使他现在可以重新引入惯性这一普遍化的概念。惯性指一个物体会保持其当前的运动状态或静止状态，**而物体的运动或静止状态都是相对于被选来当作参照框架的任何体系而言的**。牛顿接着提出了一系列革命性的主要见解。有了惯性这一被相对化的概念，牛顿进而宣布了一套“定义”（写于修订《论运动》之后），说物体围绕向心引力来源所做的匀速圆周运动并不是一种简单的惯性运动，而实际上是物体的运转速度与一种持续引力共同作用的产物——这种持续引力使物体不断偏离其原本会采纳的路径。

惯性概念具有相对性的含义，这就提出了一个棘手的问题：究竟能否发现绝对的运动？这一问题又回到了牛顿《论重力》中的分析。牛顿意识到这一问题不仅具有神学意义，而且还具有科学含义。因此，他对所下的定义做了补充，在其中强烈主张存在着一个绝对的空间，这个空间独立于其中的所有东西，“因为一切现象都取决于绝对的量”。正如我们在牛顿向伯内特所说的话中所看到的那样，牛顿认为普通人通过相对的话语来感受世界，所以先知也以那种语言向他们说话是理所应当的。在给《论运动》的修订版所写的补充材料中，牛顿写道：“普通人不能从可感知的表面现象抽象出思想，所以一直说着相对的数量，如果智者甚或先知以别的方式向他们说话，那将是非常荒谬的。”这一重大观点也被写进了《原理》，只不过没有提及神学而已。在《原理》中，牛顿说平民百姓只会考虑“可感知的物体”的数量。他继续写道，不过“在哲学讨论中，我们应该从我们的感官那里后退一步，来考虑事物本身——事物本身与人们对事物的仅仅可感知的度量是截然不同的”。牛顿想表明人们可以找到一个高于其他任何参照对象的“绝对”的参照框架，但他的这种努力到头来被证明只是一种幻想。

在同一份草稿中，牛顿又加了六条“运动定律”，其中的第三条称“一个物体给另一个物体施加多少作用力，它也会受到多少反作用力”。这实际上就将一个物体“抵制”移动的力（就是后来在《原理》的“定义3”中描述的“惯性力”）与持续或通过冲力施于任何物体的“压迫力”等同了起来。这条定律就是《原理》中第三运动定律的前身。有了这个定律，再加上他的质量概念，牛顿现在就可以将向心引力的概念推广到宇宙中万物之上了。

在这里，牛顿更加精确地定义了物质“体积”的量。起初，牛顿宣称物质的量与物体的重力“通常一致”。在1685年春天或夏天在他的“定义”修订稿中，牛顿将“物质的量”（或“质量”）定义为基本的、“均匀的”物质，所以一个物体“密度加倍，体积加倍”，其质量就会是原来的四倍。也许最有意义的是，牛顿这一新的分析方法要求将所有的基本物质都视为在本质上一般无二，而如果没有物质，就什么也没有。在《原理》定稿（1687年）第三卷的“命题6”中，牛顿引入了“假设3”，宣称由于物质的基本构成模块都是一样的，所以从原则上讲，一切形式的物质都可以互相“转变”。这样，牛顿就含蓄地将“质量”这个数学概念与他的炼金术式的分析联系了起来。

认同牛顿学说的古人

到1685年11月，牛顿已经完成了《原理》的一份初稿。这份初稿也叫《论物体的运动》，由两卷构成：一卷通常被称为《运动讲义》，另一卷是《论世界体系》。《运动讲义》扩充了原来《论运动》（及其各个修订稿）中提出的那些证明。在这里，牛顿试图解决在考虑两个以上物体之间的相互吸引作用时所遇到的那些棘手问题。

在1685年到1686年的冬天，牛顿对《运动讲义》进行了扩充。他进一步分析了卫星（一个抽象天体，但其性质实际上与月球一模一样）在两个或多个天体（也是抽象体，但明显指的是太阳和地球）作用下的运动情况，增加了一个很权威的命题（XXXIX），毫不含糊地提到了他掌握的微积分知识。莱布尼茨在1684年首次发表了微积分的基本公理。牛顿这么做在一定程度上无疑是为了声明自己创立微积分并没有依赖莱布尼茨的工作。1686年早期，牛顿扩充了对阻力介质中的运动的处理。这一分析的篇幅变得非常之长，以至于牛顿将它单独列出，后来构成了《原理》的第二卷。第一部分是对无阻力介质中的运动的分析，后来成了《原理》的第一卷。在第二卷的定稿中，牛顿增加了更为复杂的关于压力和胶粘性的内容，认为笛卡儿提出的涡旋在物理上是不可能存在的。

在1685年完成的那部著作第二卷（即《论世界体系》）的开头，牛顿提到了支撑柏拉图、毕达哥拉斯和罗马贤王努马·庞皮利乌斯的著作的古代哲学与天文学。努马曾“为女灶神维斯太建造了一座圆形的庙宇，下令在庙中央燃起一堆火，并要保持长明不灭”，以此象征以太阳为中心的世界体系。与大部分同代人一样，牛顿也认为古人对自然世界有过正确的认识，只不过这种知识在后来遗失了。牛顿在17世纪80年代中期撰写了一长篇论文(《外邦人神学的哲学起源》)，认为古人曾经相信宇宙是以太阳为中心的，但是这一认识被后人误解和歪曲了。对那些以太阳为中心的宇宙的象征性表述，毕达哥拉斯和其他一些人能够正确理解其中的真正含义：太阳居于中心，周围则环绕着沿同心轨道运行的行星。但是，亚里士多德等希腊人则假定这样一个系统的中心是地球。

最初，希腊人通过俄耳甫斯和毕达哥拉斯从埃塞俄比亚人和埃及人那里获得了对自然世界的认识。埃塞俄比亚人和埃及人将这些真理藏起来不让普通人知道。在那时候，有一种仅供传授给专家的“神圣”哲学，还有一种公开向普通人传扬的“通俗”哲学。埃及人

> 借助音乐的音调，指出了行星的[正确]顺序。为了嘲笑俗人，毕达哥拉斯也借助全音程与半音程中的和声比例——而且更滑稽的是，借助天体音乐——来测算行星之间的距离以及地球与各个行星之间的距离。

在《论世界体系》中，牛顿再次提出这个观点：像迦勒底人一

样，古埃及人已然知道彗星是天体现象，可以将彗星当作一种行星来对待。

古埃及人按照太阳系的模式修建庙宇，根据行星的顺序来给他们的众神命名。同样，古埃及人的宗教也是基于他们对天体的理解进行的仿效。牛顿偶尔还会提到古人的“天文神学”。将七个已知的行星（包括月球）与五种元素——气、水、土、火和上天之精髓——加起来，就能得到各古代宗教所共有的十二个主神。诺亚是土星和杰纳斯，有三个儿子。牛顿与其他历史学家一样，采取了一种“神话即历史”的方法，认为异教徒的神话描述的是被神话了的真实人物，只不过不同民族对他们的称呼不同而已。此中证据有：神话人物的名字多有相似之处，尤其是对神话人物的性格与行为的描述显然一模一样。

由此来看，《论世界体系》的第一部分应是牛顿在写就该文之时正在着手进行的一个更大项目的衍生物。在随后的几十年中，牛顿都曾下大功夫并以多种形式寻找古代文献中有关真正哲学的“线索”。例如，在稍后完成的一篇文章《宗教的起源》中，牛顿断言古代中国人、丹麦人、印度人、拉丁人、希伯来人、希腊人和埃及人都曾按照同样的习俗奉行崇拜，而英格兰的史前巨石群显然是又一座维斯太庙。牛顿继续写道，宗教的这一面是再“合理”不过的了：“在没有启示的条件下要获得对神的认识，除了借助自然框架之外”别无他途。由于拥有关于真正哲学的知识，他能够恢复那种一直被“遮盖”的神圣哲学，而这反过来又能保证他自己对世界的解释是正确的。牛顿的神学工作旨在恢复真正的宗教，同样，牛顿也一直认为自己所从事的科学工作在本质上就是为了恢复已经丧失了的知识。

《原理》

《运动讲义》研究的是一个抽象的数学体系，《论世界体系》的其余部分则研究了潮汐的数据（系1685年秋通过通信从弗拉姆斯蒂德处获得），描述了钟摆实验、真实的月球以及其他来自真实世界的现象。牛顿将这些与《运动讲义》中描述的数学世界进行对比，进而断言，在那个抽象世界中运作的定律同样支配着我们真实世界中的现象。不过，此时的牛顿还无法在第二卷中对彗星做出充分的解释，所以他在1685年到1686年的冬天经过不懈努力，终于提出了一个充分的解释。

《原理》的最后一部分即第三卷完成于1687年年初，研究的是世界的真实体系。牛顿根据基本原则，通过天文数据和物理数据证明了地球在两极是扁平的（即地球是一个扁圆的球体）。最后，牛顿展示了他的物理学可以用来解释彗星的行动。如果找找以前记载了类似轮廓的彗星的资料，我们可能会觉得彗星的轨道是周期性的，因而是椭圆形的。虽然如此，我们还是可以将彗星接近太阳的轨道视为抛物线，而且这部分轨道可以通过实际测算来确定。在这里，牛顿花了一些篇幅来描述彗星的神奇功能。在彗星接近太阳的过程中，彗尾会从太阳的物质中获得补给，这反过来又会更新彗星的流质成分。每当行星从彗星的尾巴中穿过，行星上的生物就会从彗星的流质中获得营养。牛顿还写道，空气中最精纯的部分，就是维持地球上一切生命的那部分，也来自彗星。显然，牛顿在此扩展了他在17世纪70年代所写的包含炼金术和哲学内容的著作中所描述的地球的循环体系。

1687年，《原理》面世。这部著作大胆地宣布了一个将影响后世科学研究达三个世纪之久的信条：假设应该被摒弃，设计精良的实验应该成为普遍数学定律的基础；这些普遍的数学定律在数量上越少越好，而且应该被视为准确无误，除非出现相反的证据。《原理》中最伟大的概念是万有引力定律。根据这一定律，大物体会彼此吸引，两个物体之间的引力等于常量“G”乘以它们质量的乘积再除以两物距离的平方（Gmm'/r^2）。《原理》的划时代意义由此开始显现：拥有向心引力的不再只是巨大的行星了，因为从第三运动定律中可知，所有的大物体都会施加这样一种力。这就产生了一个令人惊叹的结论：宇宙中的每一个大物体都吸引其他每个物体。这将给牛顿和他的同代人提出一些重大的问题。究竟什么是引力？宇宙一端的物体如何向另一端的物体施加这种引力？引力通过何种媒介运作？

在将《原理》的最后一批书稿发往伦敦之前不久，牛顿还为《原理》撰写了一篇不同寻常的《结论》，在其中声称《原理》中的分析方法可以用来研究地球上的一切现象。牛顿已经用万有引力解释了宏观现象，在此方法的基础上，他认为应该援引短程力来解释“无数”其他的局部性运动。这些运动因过于微小而无法察觉，但正是它们引起了地球上的诸多现象，例如电、磁、热、发酵、化学转变、动物的生长等。

牛顿在第二卷中分析天上的运动时完全摒弃了他二十年来一直倚重的以太。同样，在分析地球上的现象时牛顿也摒弃了以太。他提出就用他所说的吸引力与排斥力来取代以太。他用通俗的言语说，人们传统上就用“引力”这个概念来形容微粒借以“冲向彼此”的任何一种力。在短程范围内，这些力具有吸引性。这可以解释他以前在炼金术和哲学工作中注意到的物质“凝结”的属性。距离再大一些，这些力就变成排斥性的了。这可以解释之前在《假说》中用以太来解释的表面张力现象（例如苍蝇可以在水上行走）。不过，牛顿声称这类力有好几种，不过这就与他提出的哲学家应该采纳尽可能少的普遍原则的要求有点冲突了。

牛顿还写道，他之所以提到这些力，只是为了鼓励进一步的实验而已。不过，他接着又基于物质的基本原料是相同的这一观点提出了一个推测。因为绝大部分空间都是空的，所以促使物体结合的那些力会使物体结合形成规则的结构，“如同雪和盐的形成过程那样，几乎就像艺术的产物”。物质内部会有网状的结构，由很长且富有弹性的几何竿组成。这一点可用来解释为什么有些物体要比其他的物体更容易加热或者可以让更多的光线穿过。牛顿再次援用接近炼金术语言的术语，称在吸引力的作用下，物质基本元素的不同网状排列能够让嬗变得以发生。牛顿使用海尔蒙特的概念断言，水“这种稀薄物质”通过发酵可以转变为动物、植物和矿物中“更稠密的物质”，并且最终可以“转化为矿物质和金属物质”。在另一方面，斥力则能让稠密的物体变成蒸气、挥发物或空气，而让更稀薄的物体变成光本身。牛顿的这个微观世界设想令人吃惊，但他最后却取消了出版这篇《结论》的计划，而是将它浓缩为一篇前言的草稿。不过，就是这篇前言在《原理》的定稿中也没有出现。

冒充大师——胡克

1686年5月，就在《原理》第一卷被介绍给皇家学会之后不久，哈雷告诉牛顿胡克对其中的平方反比定律有“一些要求”，声称是他让牛顿注意到这一定律的。虽然胡克并没有对由平方反比定律证明出圆锥曲线提出任何权利要求，但这一次牛顿则对胡克完全失去了耐心。牛顿告诉哈雷，胡克在1679年到1680年与他的整个通信过程中都跟他纠缠不清，而且此人没有给他带来一点他原先不知道的东西。几天后，在细读了一些过去的论文之后，牛顿非常生气地发现原来胡克仅仅“猜测到”平方反比定律会一直延伸到地球的中心，而且他的这种猜测还是错误的。牛顿告诉哈雷，他决定停止第三卷的撰写工作，因为哲学“就像一个傲慢无礼、争论不休的女人，一个男人一旦与她发生纠葛，无异于惹上了一场官司”。

牛顿并没有就此打住。他告诉哈雷，就在基本写完该信的时候，他听说胡克正在“蛊惑人心，伪称我的一切都源于他，并希望人们能为他伸张正义”。像以前一样，牛顿指出胡克在哪些地方窃取了他人的著作，将他人的东西当作自己的东西一样传播。胡克在自己的著作中显得好像他知晓并已充分提示了一切，所剩下的只需通过辛苦的计算与观测来确定罢了，但他又借口忙于其他事务而不自己进行计算和观测。实际上，他倒真该用无能来为自己开脱。

牛顿讽刺道，在胡克看来，

所有那些发现、研究和处理一切的数学家都该满足于仅仅将自己视为乏味的计算者和苦工，而另一个无所事事、一味巧取豪夺的人却可以名正言顺地攫取一切发明——既包括前人的，也包括后人的。

与以前两人的交锋一样，牛顿还编造了一个复杂而又难以置信的故事，说胡克有可能是从与他的通信中一点点搜集到平方反比定律的。哈雷的回信让牛顿平静了下来。哈雷告诉牛顿，他就此事在一家咖啡馆里进行了讨论，现在很少有人还相信胡克证明了椭圆轨道与平方反比定律的关系，或是相信胡克提出了一个关于自然的宏伟体系。

显而易见，牛顿并没有停止《原理》第三卷的写作，不过他的确使表述更加数学化、更加难以理解了。这其中有一部分原因可能是要给胡克一个教训。但无论如何，第三卷必然更加令人生畏，这是其内容发展的必然要求。许多很有成就的数学家虽然下了功夫，但也只能理解《原理》中的头几条命题，其他的就无能为力了。这样一来，《原理》便以深奥难懂而闻名了。

第八章

都市之中

在完成《原理》最后一卷之前，牛顿就发现自己卷入了一场新的危机。1685年年初，詹姆士二世登上王位。即位不久，这位天主教徒国王就开始放松那些旨在限制天主教徒担任公职和进入大学的法律和惯例。1687年2月，剑桥大学的副校长接到一道命令，要求剑桥大学接纳奥尔本·弗朗西斯神父进入西德尼·萨塞克斯学院研修文学硕士学位。牛顿立即采取行动反对这一命令，因为他觉察到这会威胁到他所在大学的新教的完整性。1687年4月，牛顿成为剑桥大学委派的八名“使者”之一，前去接受一个宗教委员会的调查。这个宗教委员会由杰弗里斯法官领头。杰弗里斯曾是牛顿的本科同学。不过此人现在臭名昭著，因为他最近将新教徒蒙默斯公爵的数百名支持者判处了死刑。4月21日，杰弗里斯以自己的一贯作风，高声训斥了剑桥的八位代表。不过，他还是给了几位代表一段时间，让他们准备下一步的答辩词。5月12日，牛顿、巴宾顿和其余六位代表被告知，他们“狡猾的影射”引起了调查团的愤怒。杰弗里斯随即遣散了他们，命令他们不可再犯罪，不然将有更大的厄运降临到他们头上。

早在4月份的一次准备对抗杰弗里斯的会上，牛顿就强烈建议在是否接纳弗朗西斯神父一事上采取毫不妥协的立场。他在一篇短文中指出，当前的事态极为严重，剑桥大学不能相信詹姆士关于维护新教的许诺（詹姆士虽是天主教徒，但作为英格兰的国王，他在名义上也是英国国教的捍卫者）。实际上，詹姆士是不能做出这样的许诺的，一则这为他自己宗教的规条所不容，二则在任何情况下，他都不能合法地利用自己的豁免权废除那些确保新教在英国占据中心位置的法律。英国人不会放弃保护个人自由与财产的法律，他们更不应放弃那些保护自己宗教的法律。

在另一篇文章中，牛顿接着考察了国王豁免权的权限。他发现如果没有废除法律的必要，国王便没有废除法律的权力。在一份分析陈述中，牛顿更是将国王的权力降到了“人民”的权力之下，认为只有“人民”才能决定是否有必要废除法律。这份陈述清楚地表明牛顿持有“辉格党人”的观点——牛顿在1689年当选为下院议员后，便走进了辉格党人的激进圈子。在为与杰弗里斯最后摊牌准备的文件中，牛顿指出代表之所以采取那种立场是为了捍卫他们自己的宗教；天主教徒和新教徒不可能在同一所大学“幸福地或长期地”共存；而新教教育的根基“一旦枯竭，从那里流出的一直在浇灌全国的涓涓溪流也必将衰竭”。

1687年，牛顿终止了他作为卢卡斯讲座教授的活跃生涯。在1684年，也就是他在这个职位上给学生授课接近十年的时候（虽然有时候并没有学生来上课），为了履行自己的职务职责，他向剑桥大学图书馆提交了一份代数学讲义手稿。威廉·惠斯顿1707年出版了这份手稿，名为《通用算术》。牛顿在这部作品中赞扬了古代数学家对几何学的依赖，但对现代分析者将方程与算术术语引进几何学却大加申斥。

1688年年末，詹姆士二世逃离了英格兰，奥兰治家族的威廉（通过后来所说的光荣革命）来到英国。这给牛顿提供了向新政权表示忠心的机会。1689年1月，牛顿被选为代表剑桥大学参加议会的两名议员之一。虽然选票上曾用无以复加的赞词介绍了牛顿，但最后的当选还是多少让牛顿有些吃惊。2月上旬，牛顿和大多数议员一起投票，确认詹姆士的撤离意味着他已“放弃了”王位。在后来的几周中，牛顿供职于一个委员会，该委员会负责草拟一份关于宽容各种不奉国教者的议案。自然，牛顿支持国家容忍各种稍有差异的新教教义，认为国家应该不分教派和允许任何合格的新教徒（比如他自己）担任公职。5月17日，这一针对宗教宽容的议案被国会通过，成为法律，是为《宗教宽容法》。根据该法，不奉国教者可以自由地进行公开崇拜活动。不过，规定任公职者须领圣餐面包与葡萄酒的《宣誓法案》并未废除，天主教徒与反三位一体教义者并没有信仰自由。

1689年夏，牛顿又遇到了一个挫折：尽管有新国王威廉三世的强力支持，他还是未能获得国王学院院长一职。不过，牛顿并不缺乏崇拜者和追随者。好几个人都争着要当他那部伟大著作《原理》下一版的编辑，其他人则致力于理解该书深奥得让人难以置信的内容。牛顿反过来也会稍稍施惠于他的追随者，例如他帮助戴维·格雷戈里获得了牛津大学萨维列恩几何学讲座教授的职位。在欧洲大陆，惠更斯和莱布尼茨等著名自然哲学家对《原理》也是赞不绝口，虽然他们二人都认为牛顿忽略了自然哲学的整个目的，因为他没能给“引力”提出一个物理解释。

在《原理》第二卷中敲响了涡旋说的丧钟之后，牛顿便致力于解释重力问题。17世纪90年代上半期，牛顿从事了《原理》的修改和订正工作，曾给法蒂奥·德·杜伊连尔和戴维·格雷戈里看过他的许多修改和订正内容，其中有一些涉及重力的物理成因。他给第三卷的命题4—9写了一系列“古典”注释，指出《原理》提出的万有引力与其他原则都曾为古人所知，今人通过认真研读维吉尔、奥维德等诗人的诗作便可以获得这些知识。在这些修改稿中，牛顿声称万有引力借助“某种主动原理”运作，这种主动原理能让力从一个物体传送到另一个物体：

> 因此，那些正确领悟了神秘哲学的古人教导说，有一种无限之灵遍布一切空间，包容整个世界，给世界赋予生机。根据亚里士多德引用的那位诗人的话，这种灵就是他们的守护神：我们在他里面生活，获得我们的存在。

古人通过潘和他的笛子的象征，提到了这一神灵作用于物质的方式：“不是通过不规则的方式，而是和谐地或者按照和声的比率进行。”很久以后，凯瑟琳·孔杜伊特提到，牛顿认为重力取决于质量，就像声音与音调取决于弦的尺寸一样。

牛顿恢复失传的古代知识的努力绝不仅仅限于这一方面。大约在同一时间，牛顿投身于一项旨在“恢复”古人失传了的几何学的数学大业。1691年年末，他还开始撰写一篇名为《曲线求积术》的论文。在这篇了不起的论文中，他回顾了自己发现微积分和发展无穷级数的过程。他在文中大量援用他在17世纪70年代中期写给莱布尼茨的信函，由此可见他此文的主要目的是为了表明自己的发明要早于并优于莱布尼茨的发明。1694年格雷戈里读过此文后说牛顿发明了求积理论（积分），且这一发明“让人震惊，令人难以置信”。

《原理》完成后的几年中，牛顿进行了他一生中最为紧张的一部分智力活动。17世纪80年代晚期，牛顿计划撰写一部四卷本的光学著作，并打算在最后一卷中展示视觉效果如何根据短程引力和斥力发生作用。在一份草稿中，他再次提出了他给《原理》写的但扣下未发的那份前言和结论中的评论，大意是哲学家应该假定各种类似的力不仅在宏观世界运作，而且也在微观世界运作。牛顿接着写道，鉴于这一“大自然的原则与哲学家持有的观念相距甚远，所以我并没有在［《原理》中］进行描述，［以免］有人将其斥为荒诞不经之想”。尽管牛顿最初有着这样的打算，他在1694年却将计划中的书稿压缩为三卷，而十年后《光学》就是以三卷本的形式最终出版的。

1690年夏天和秋天，牛顿兴奋而热烈地研究了一个争论激烈的问题：天主教徒和三位一体教义者当初是如何歪曲《新约》的真正经文的？1687年，监管出版的许可法令有所松懈，于是出现了好几本反三位一体教义的著作。1689年，天主教徒理查德·西蒙出版了一本著作，分析了一段支持三位一体教义的关键经文——《约翰一书》第五章第七和第八节，即所谓的使徒约翰的逗号。当时，与牛顿相识不久的约翰·洛克询问牛顿对那段经文的看法。1689年11月，洛克（他即将发表《论宗教宽容函》《论人类的悟性》《论政治两文》等伟大著作）收到了牛顿的一篇长文，其中不仅解释了上述那段经文，而且还论述了另一段三位一体教义所倚重的经文——《提摩太前书》第三章第十六节。虽然牛顿试图用客观研究的厚厚帷幕来掩盖自己的实质工作，但他毫无疑问知道洛克是赞同自己的观点的。

西蒙说那段经文虽然在最古老的希腊文抄本中找不着，但是天主教的传统能够确保其真实性。牛顿告诉洛克，这是天主教对经文的又一歪曲，许多人文学者和新教徒对此心知肚明，但还是宁愿保存这段经文，因为它可是用来反对异端的一个关键证据。牛顿虚伪地声称，他准备写的东西“不涉信仰，无关教规，只是关于《圣经》文本的一篇评论而已”。简而言之，牛顿认为教父哲罗姆将那段伪经插入了他翻译的拉丁文《圣经》，后来

> 拉丁人曾在他们《圣经》的页边空白处指出了哲罗姆所做的变更。从那以后，尤其是在经院哲学家复兴辩驳之风的12世纪以及其后的世纪中，那段伪经最终还是在抄写过程中悄悄爬进了经文。

自从印刷术出现后，那段经文“从拉丁文《圣经》中爬出来，又爬进了印刷出来的希腊文《圣经》，全然置一切希腊文手稿和

古代文本的权威于不顾”。

牛顿探究这些篡改的方法包括三个方面。第一，他能指出那段经文为什么会被插入各种抄本和印刷本中，以及是如何插入的。这就牵扯到对经文进行复杂而精深的研究。牛顿分析说如果那段经文的的确确原本就有，那么哲罗姆之前的那些可靠的作者必然会有所提及，但他们却一字未提。没有任何证据表明那段经文曾出现在最古老的希腊文经文中。实际上，哲罗姆的一些同代人就曾指控哲罗姆，说他随心所欲地插入了那段伪经。牛顿更是将哲罗姆推上审判席，而且毫不吃惊地发现哲罗姆有罪。第二，牛顿实际上能够查阅到《圣经》古抄本以及提及古抄本的印刷本《圣经》，其中提到的那段讨厌的话在古本中要么不存在，要么被打上了问题标号。如果哪里出现了带有逗号的那段经文，牛顿则会努力表明那是很久以后添加上去的。第三，那段经文恢复原貌后显然更加合理；为了洛克着想，他还重新整理了那段有争议的经文。

此后不久，牛顿又寄给洛克一篇文章，提出了更多的问题经文，“因为篡改经文的企图有过许多，且其中有一些已经得逞，这是不足为奇的”。根据牛顿的看法，所有这些讹误最初都是天主教徒所为，“然后为了使这些篡改合理化，为了宣扬它们，[天主教徒]便指责异端和过去的阐释者，就好像古人正确的阐释和翻译反倒是讹误一样”。那个时期的学者在一个个可耻的行为之间来回摇摆：“这就是那个时代的自由：博学者在翻译原作者的著作时肆意修改而不脸红，并且公开承认自己的行为，好像进行忠实的翻译反倒是一桩罪行似的。”新教徒现在也在参与犯罪。牛顿很伪善地告诉洛克，他之所以“提到”这一切诡计，“是因为我对虚伪的骗子深恶痛绝，是为了让基督徒出于羞耻而放弃这些做法”。

精神崩溃

在1692年以及1693年年初，牛顿与法蒂奥·德·杜伊连尔交往极为密切。法蒂奥编造故事纠缠这位老人，说他的一位朋友炼出了一种丹药，服用一剂就有非常奇妙的疗效。在一封信中，法蒂奥要求牛顿投资一大笔钱来开发并推销这种丹药。1693年初夏，牛顿好几次从三一学院前去伦敦，大概就是为了和法蒂奥商量此事以及其他事务。7月的时候，牛顿出现了精神崩溃，但直到他9月中旬给塞缪尔·佩皮斯去了一封信后，他的这一痛苦经历才为人所知。这封信是牛顿在思想非常混乱的状态下写的。他在信中忧心忡忡地指出，他从未试图将佩皮斯或詹姆士二世作为自己的恩主。他告诉佩皮斯他将不得不结束与佩皮斯的交往，甚至要与佩皮斯的一切朋友永远断绝联系。洛克也收到了牛顿一封更加令人费解的信。这封信写于肖尔迪池的一家酒吧，时间应是给佩皮斯去信的三天之后。像佩皮斯一样，洛克也是头一次听说牛顿的这些忧虑。牛顿在信中为曾经指责洛克试图用女人来“纠缠”他而道歉。他恳求洛克原谅，因为他曾希望洛克死于所患的疾病。他还为自己曾经指控洛克为霍布斯哲学理论的追随者（即唯物主义者）和称洛克在其文章中削弱了道德的基础而表示歉意。

面对这些恶劣的辱骂，佩皮斯和洛克表现出了可敬的谅解态度。实际上，没过多久，牛顿就称自己已忘了当时究竟写了些什么。对于牛顿的这种奇怪行为，人们用工作过度、水银中毒、对法蒂奥的迷恋受到压抑、未能在伦敦获得一份工作等原因来解释，但是这些理由似乎没有一个能令人信服。

牛顿的思想恢复了平静、生活恢复了正常之后，又做了最后一次努力，想矫正他在《原理》中论述月球理论时遇到的一些顽固问题。可以说，这将是牛顿从事的最后一项主要的持续性科学活动。从1694年夏开始，他再次尝试解决月球理论问题。为了获得最新的数据，他前去格林尼治拜访约翰·弗拉姆斯蒂德。弗拉姆斯蒂德同意给牛顿看他改进后的月球观测数据，但加了一个条件：牛顿得答应不将这些数据给任何人看。牛顿声称他改进后的理论可以纠正这些观测数据，所以弗拉姆斯蒂德反过来也想得到牛顿的纠正结果。然而，牛顿可没打算平等地对待这位皇家天文学家，只是一个劲地要求弗拉姆斯蒂德按照他的吩咐提供原始的观测数据。牛顿要求什么类型、什么精度的数据，弗拉姆斯蒂德都尽量满足。但到头来，牛顿还是没能解决棘手的“三体”问题[①]。而不解决这个问题，他就无法在月球理论上取得进展。

后来，牛顿和弗拉姆斯蒂德彼此越来越怀疑对方。弗拉姆斯蒂德听说牛顿给哈雷和格雷戈里看了他对月球数据的“纠正结

① “三体”指太阳、地球和月球。所谓三体问题，是指如何找到一个数学方法，来准确地勾勒这三个天体的运行轨迹。

果”，而牛顿则指责弗拉姆斯蒂德提供原始数据时显得疏懒迟缓，同时对弗拉姆斯蒂德想了解他的纠正结果的理论基础也感到不快。在后来的几年中，双方的关系持续恶化。1698年，弗拉姆斯蒂德威胁要通过印刷物揭露：是他正在给牛顿提供观测数据，而借助这些数据牛顿就有可能改进他的月球理论。牛顿听后勃然大怒，没让弗拉姆斯蒂德发表这则消息。当时的牛顿一心扑在造币厂督办的工作上，不想让更多的人知道他还没能解决月球运动的问题。牛顿告诉弗拉姆斯蒂德，他并不想被“公开地拉上舞台，卷入那些也许永远都不适合让公众知晓的东西，不想让世人期待一些他们也许永远都不会拥有的东西”。他“不愿在每个场合都被曝光”，更不愿“因为数学问题而被外国人纠缠或嘲弄，也不愿让自己人以为我将本应用于国王事务的时间虚掷在数学问题上”。两人之间的关系原本就不牢固，此后也一直未见好转。

第九章

万有之主

1696年，牛顿在首都谋求一份工作的努力终于有了结果：他从一位遁世者一跃而成了一名高级公务员。1696年3月19日，牛顿在三一学院的昔日同事查尔斯·蒙纳古（1700年后受封为哈利法克斯男爵）签发了一封信，确认牛顿被任命为造币厂督办。蒙纳古当时是财政部的高官，同时担任皇家学会的主席。不久以后，他就成了牛顿外甥女（即其同母异父妹妹之女凯瑟琳·巴顿，后嫁给孔杜伊特）的情人。作为造币厂督办（监督铸币过程的钦差），牛顿面临着好几项挑战。英国当时需要雄厚的财政储备来支持对法国的军事行动。但是，英国国内的“剪钱”行为[①]严重降低了货币的价值以及铸币的质量。另外，由于铣边新币要比“锤成的”旧币更重且含银成分更高，所以不法分子会将新币熔化后出售牟利，或将真币剪边与铜混合后制成伪币。早先有人曾就银币的问题征询过牛顿的意见，牛顿认为（由于铸造硬币的原料金属要比硬币的面值更值钱而导致的）熔化新币的灾难只是暂时的，只要准许新近成立的英格兰银行发行的纸币进入流通领域，

① 所谓剪钱，是指剪下或削下银币的边缘并积累起来牟利的行为。

就可以在短期之内减缓这一问题。牛顿还持有这样一个陈旧观点：花大钱购买外国的奢侈品既是对个人德行的侮辱，也是对国家力量的侮辱。

唯一的长远之计就是收回所有的“旧”币，大大增加造币厂生产的“新”币数量。“重铸货币大行动”将生产非常标准的、周边带有可见纹路的新币，而且全都由最先进的滚轧机制造。虽然造币厂督办先前只是一个报酬不错的闲职，但牛顿还是一心扑在重铸新币的工作上。他筹集铸造钱币所需的大量银条，并在诺里奇、约克、切斯特、布里斯托尔和埃克塞特等地设立了临时分厂。这些造币厂生产了大量银币，不过到牛顿1727年去世的时候，流通中的银币已经为数不多了。

作为督办，牛顿还得负责检举剪钱犯和伪造硬币者，并且如果他们罪有应得，可以建议对他们实施死刑。牛顿就像当年揭发伪造经文者一样，非常投入地追查那些歹人，甚至使用的手法都一般无二。他广泛研究了剪钱与伪造硬币的技术与历史，出钱从告密者那里获得消息，寄钱给友善的证人让他们能够体面地出庭做证。一些被投入监狱的伪造硬币者曾威胁要枪杀牛顿，而牛顿反过来对威廉·查洛纳等罪犯也毫不手软。威廉·查洛纳在被送上绞刑架的前几天，恳求牛顿对他大发慈悲，但牛顿对此充耳不闻。在牛顿的打击下，剪钱和伪造硬币的行为逐渐减少，因为这项罪名被处死的人数也下降为零。

到1698年，牛顿基本上已把平素由造币厂厂长行使的职责都拿过来了。当时的厂长是托马斯·尼尔，他于1699年年末去世后，牛顿就继任厂长。厂长负责监督用来铸造硬币的铸锭中各色金属的质地，还负责铸币所得收入的使用。

在后来的岁月中，牛顿有关化学过程的知识也会偶尔派上用场，尤其是在所谓的“硬币年度检验”中。所谓硬币年度检验，就是一群金匠手拿“试验”币，来检验随便选择的硬币的质量。厂长偶尔也会督促（就牛顿而言应是设计）铸造不同金属的硬币，以庆祝皇家的任职典礼或军事上的胜利。

牛顿在伦敦生活得不错，但对文学或戏剧并未表现出什么兴趣。牛顿曾告诉斯蒂克利，他一辈子只去看过一次歌剧，而且刚看了一半就跑出来了，还对自己竟然待了那么长时间感到有点纳闷。1701年，牛顿当选为国会议员，开始在国会供职，直到次年5月为止。与十多年前一样，他在担任议员期间表现平平，乏善可陈。1705年5月，牛顿再次竞选国会议员，并且再次得到了哈利法克斯男爵的支持。可是这次牛顿却输了，这让他大伤脸面。也许令牛顿多少感到安慰的是，就在此前一个月，安妮女王在前去纽马基特观看赛马期间莅临剑桥，将他封为爵士。

《光学》

1703年3月，罗伯特·胡克去世。同年11月，牛顿被选为皇家学会主席——不过绝非全票当选。也许胡克的去世加速了牛顿的当选过程。这次当选重新燃起了牛顿那已失去多年的对自然哲学的兴趣。虽然能够理解其《原理》的人寥寥无几，但牛顿借助这一机会，让更多的人了解了自己的光学观点。牛顿的《光学》出版于1704年2月，书末还附有论文《求积术》以及研究“三次曲线”的一篇论文。

《光学》主要由牛顿过去的一些论文组成。该书采用英文出版，含有大量实验，并且避免使用《原理》中那些深奥的数学论证，因此能为广大读者所理解。《光学》的确含有一卷新的论述衍射的内容，不过篇幅比较短小。牛顿在这一卷（即第三卷）中还插入了十六个短小的“疑问”，论述了他的自然哲学的根本特征。这些“疑问”以问题的形式出现，表述大都采用了“引力”等《原理》式的措辞，而且与《原理》一样，也没有用到以太的概念。在给这部著作草拟的一份导言中，牛顿说一个人应该从一系列广泛的现象中推出三四个“普遍假设”，然后通过这些现象来解释世界上的一切现象。只有从现象入手并从中推导出普遍原则才算正途，否则“你也许可以提出一个貌似合理的哲学体系，为自己博得名声，但你的这个体系比传奇故事好不到哪里去”。他在这些发表的“疑问”中，旗帜鲜明地用具有超距作用的微观力来解释光与物体的关系。他严厉抨击了一切将光解释为在“运动力或压力”下的变化的努力，将其斥为“一个假设体系”。

实际上，就在牛顿写下这些的时候，他已在撰写七条新的疑问，这些疑问出现在两年后拉丁文版的《光学》中。可以说，这些疑问与1717年英文版《光学》第二版中加入的八条新疑问一道，构成了18世纪化学与自然哲学领域最具影响的文献。也正是在这些疑问中，牛顿回顾了他在《论重力》中所做的杰出分析，首次公开谈到了他如何理解上帝与其创造物之间的联系方式。在疑问20（即1717年版的疑问28）中，他说那虚空的空间就像上帝的“感觉中枢”；上帝能够觉察宇宙中发生的一切，就像人可以觉察进入其大脑里的种种形象一样。疑问23（即1717年版的疑问31）涉及面非常广泛。在这条疑问的一份草稿中，牛顿指出那位至高之神的思想“对物质的影响非常之大，胜于母亲的想象对胎儿的影响”。他回顾了给《原理》草拟的那些古典注释，并告诉戴维·格雷戈里上帝通过其秘密的临在而成为重力的直接原因。在这些草稿中，牛顿声称空间**就是**上帝的感觉中枢或者上帝的躯体。这实际上是一种古老的基督教异端思想。虽然这一观点在《光学》最初采用的一些例子中有所体现，但在后来的印刷中牛顿将那句话改成空间就**像**上帝的感觉中枢。

这些新疑问描述了一系列化学现象，并将它们归入“主动原理”的标题之下，从而发展了牛顿在那篇扣下未发的《原理》的《结论》中所做的分析，延伸了他早期在哲学与炼金术方面的工作。这些令人惊叹的疑问将他过去四十年来从事的许多各不相同的研究活动糅合在一起。在内容广泛的疑问23的草稿中，牛顿说“（我们所看到的）世界上的种种运动一直在衰减”，只有借助主动原理才能恢复运动。主动原理产生了重力，引起了跟发酵与凝结相关的无数现象。这些现象会受到普遍法则或定律的影响，而这些法则或定律才是“机械哲学的真正原理”。牛顿宣称：“除了（显然）由于这些主动原理和意志力而发生的运动之外，我们在世界上很少能遇到别的什么运动。”在这些草稿中，牛顿对比了仅仅具有惯性这一被动力的物体的性质，以及“发酵”、生命和意志给世界带来新运动的方式。他将发酵描述为一种“非常强大的主动原理，只有在［物体］彼此接近时才会作用于它们”。牛顿接着写道：“我们发现自身具有通过思想调动身体的力量，但是并不知晓支配这一力量的定律为何。”他还格外引人注目地补充道：“我们并不能说整个自然并非都是活的。”

牛顿一就任主席，皇家学会就开始定期给仪器制造师弗朗西斯·豪克斯比发薪，让他在学会每周例会上用真空泵演示实验。从1706年直到1713年去世为止，豪克斯比就毛细管作用和电致发光现象做了一系列非常出色的实验。推断起来，豪克斯比在这些实验的许多内容上应该得到过牛顿的指点。牛顿逐渐相信豪克斯比的实验证明了电力的存在，并主张电力是一种基本力量，在其他许多现象中都发挥着作用。在给1713年出版的《原理》第二版增加的《总释》部分，牛顿宣布存在“一种极其微妙但仍属物质的”“电精”，它隐藏在“一切粗大物体之中”，非常活跃，而且还能发光。

在给1717年版的《光学》所写的八条新疑问的草稿中，牛顿回顾了自己四十年前在《假说》一文中对电的解释，将大量的短程力以及与光有关的现象都归因于这种电精。他重温了对精神与身体问题的兴趣以及他的炼金术工作，进而认为这种电精将“有思想的灵魂与没有思想的身体”连接了起来，在植物的生长过程中会发挥巨大的作用，“植物生长需要考虑三样东西：生殖、营养以及养料准备”。然而，就在这些新的“疑问”中，牛顿重新引进了一种以太概念，用来解释光与热的关系。牛顿还用另一种以太来解释重力：这种以太由排斥粒子组成，因而非常富有“弹性”。这一描述与1675年的《假说》中的表述几乎一模一样。

一个狡猾而乖张的人

对于那些在牛顿面前卑躬屈膝的人来说，牛顿就是和蔼可亲的化身。然而，牛顿天性多疑，一旦自己的地位、荣誉或能力受到威胁，就会大发雷霆。这一点连他的朋友都不否认。牛顿与约翰·弗拉姆斯蒂德的关系不仅没从冷淡中恢复过来，而且于1704年恶化到了极点。是年，牛顿给弗拉姆斯蒂德送了一本《光学》，弗拉姆斯蒂德随后让他过去的助手詹姆斯·霍奇森在伦敦发表演讲，指出《光学》中含有的“错误”。另一方面，牛顿非常渴望得到弗拉姆斯蒂德的数据，以便完成自己的月球理论。他告诉弗拉姆斯蒂德他准备向安妮女王的丈夫乔治亲王建议，让亲王支持弗拉姆斯蒂德出版一份观测数据目录。弗拉姆斯蒂德后来这样写道：“我对这一主张深感惊奇，因为我总觉得他是个阴险狡猾、野心勃勃、极度贪求赞美而又容不得反驳的人。”从那以后，弗拉姆斯蒂德就铁了心肠，坚决反对牛顿的阴谋诡计。弗拉姆斯蒂德不愿让自己“完全落入他的权势之下，任由他来处置，因为此人会毁坏抓到手中的一切”。

我们已看到，在17世纪90年代晚期，弗拉姆斯蒂德就已认定牛顿深受一批“奉承者”和“赞扬者”的影响。他将这些人斥为“几个爱管闲事、傲慢自大、心怀叵测之人”。他们不停地纠缠他，催促他尽快完成目录，但同时又千方百计地阻止目录的完成。正如他所怀疑的那样，牛顿给这些人看了他曾经要求牛顿不要透露的材料，而这些人又反过来利用这些数据来贬低他这位皇家天文学家。尽管发生了这些事情，尽管在1698年到1699年的那个冬天牛顿对他大发雷霆，但在1700年弗拉姆斯蒂德还向一位通信者说牛顿“本质上是个好人，虽然本性有点多疑”。但自从1704年以后，他便一直视牛顿为一个疯狂揽权的暴君，一直在设法“破坏”他的工作。

1704年年末，牛顿成立了一个专家或“仲裁”委员会，来监督弗拉姆斯蒂德的星象目录编纂工作。这一行为与后来牛顿对付莱布尼茨的手段何其相似！弗拉姆斯蒂德将这个委员会斥为牛顿微不足道的马屁精，认为牛顿试图将他工作的所有荣誉据为己有，同时却将亲王资金中本应资助他的费用扣下不发。若非如此，他应该早已完成了牛顿想要的那部分内容了。1705年牛顿受封爵士后，弗拉姆斯蒂德经常只用“SIN”[①]来称呼牛顿。在以后的岁月中，他经常拿自己“诚实而正直”的行为与他所说的牛顿的“狡猾”、“恼人的伪装”以及“没有诚意、存心不良的行径”进行对比。

1706年4月，尽管弗拉姆斯蒂德一再抗议说那份目录尚不完全，并且将那么重要的材料交给别人是非常愚蠢的，他还是被迫交出了当时已经完成的那部分目录。为了防范起见，霍奇森将那部分目录进行了密封。牛顿认为此举有怀疑他的诚实之嫌，因此

① 这应是Sir Isaac Newton（艾萨克·牛顿爵士）的首字母缩写，合起来是“罪恶”之意。

感到很不高兴。根据弗拉姆斯蒂德的说法，牛顿此时便开始指责他愚蠢糊涂，蓄意破坏自己的工作。同时，弗拉姆斯蒂德也在私下抱怨牛顿变得越来越刚愎乖张，而且不给他的工作支付酬劳。1708年3月，弗拉姆斯蒂德向仲裁委员会递交了一份1689年到1705年的所有观测数据。他还签了一份协议，同意移交月球观测数据以及一份经过修改的星表，其中还会带有“星等”。在后来的几年中，弗拉姆斯蒂德持续给他的星表加入新的观测数据，而且相对来说并未受到来自牛顿的干涉。在私底下，他经常谴责牛顿乖张而“狡猾”，散布他对牛顿光学和重力著作的指责性评论。

1710年12月，两人之间的短暂休战突然结束了。这一月，弗拉姆斯蒂德接到安妮女王的一道正式命令，告知他为了提高航海技术，将由一个以皇家学会主席为首的监理会来监督指导天文台，该监理会有权要求皇家天文学家每年递交上年的所有观测数据。让事情更加恶化的是，弗拉姆斯蒂德于次年春天听说牛顿要求他提供某些星座的星等，而这些星座并没有包含在他之前交给牛顿的那份星表中。这表明牛顿并未遵守承诺，私自拆封了那份星表。他对牛顿的可鄙行为产生了警觉。更让他惊恐的是，他发现他的著作（《不列颠天空的历史》）在没有他的补充的情况下竟然正在印刷。他认为这一行动“是最胆大妄为的企图之一”。1711年3月底，他被告知他的星表正由哈雷“料理”，从而证实了他的担忧。在后来的几个月中，弗拉姆斯蒂德又被要求校改哈雷印刷的书页。他对此深感羞辱，于是决定推出自己的版本。

1711年10月，在皇家学会总部举行的一次会议上，事情终于闹到了不可收拾的地步。牛顿主动提出维修天文台的仪器，暗示这些仪器是国家的财产，而非像弗拉姆斯蒂德坚持所说的那样是他自己的。从弗拉姆斯蒂德后来愉快的描述中可以看出，牛顿当时完全失控了，他

> 勃然大怒，对我恶语相加，措辞之恶劣为我平生仅闻。我没有回应，只是希望他能平静一点，不要那么激动，并感谢他给了我那么多荣誉称号，并告诉他迄今为止上帝一直都在眷顾我的工作。

根据弗拉姆斯蒂德的记述，牛顿骂他的最好听的一个字眼是“小狗”。牛顿问弗拉姆斯蒂德在接受国家资助的近四十年光阴里都干了些什么。勇敢的皇家天文学家则反问牛顿，作为造币厂的厂长，他究竟做了什么，也配领五百英镑的年薪。更糟的是，弗拉姆斯蒂德还提到，有人说牛顿《光学》中的一段话（大概就是那段没来得及改正的关于上帝的感觉中枢的话）表明牛顿是一个无神论者。他还声称牛顿及其党羽是一群强盗，牛顿则反过来骂弗拉姆斯蒂德妄自尊大，傲慢无礼。次年，哈雷编辑的《不列颠天空的历史》出版，书中几乎不加遮掩地抨击弗拉姆斯蒂德在发表观测数据过程中的表现迟缓怠惰。弗拉姆斯蒂德在痛苦中又度过了十个年头，而接任其皇家天文学家一职的竟是被篡改的《不列颠天空的历史》一书的编辑哈雷。

伤透了莱布尼茨的心

德国人戈特弗里德·莱布尼茨也是牛顿在智力较量中的敌人，他比弗拉姆斯蒂德等人要厉害得多。他可以说是当时唯一能与牛顿在智力上匹敌的人。莱布尼茨分别于1673年和1676年访问英国。在他第二次访问英国的时候，他已经创立出了一种非常不同的微积分，而且已有十年之久。在此阶段，莱布尼茨和牛顿的关系良好，这一点可从牛顿1676年写给莱布尼茨的两封信中看出。1684年，莱布尼茨发表了微分与积分的法则。也许他当时并不知道牛顿已先他创立了微积分（虽然柯林斯曾经在他第二次访问伦敦期间给他看过牛顿的《分析法》一文）。17世纪末，法蒂奥撰文暗示莱布尼茨的微积分不仅比不上牛顿的，而且还滞后于牛顿的，并说莱布尼茨的微积分可能是从牛顿那里“借”来的。莱布尼茨反过来撰写匿名文章，评论牛顿1704年的《求积术》以及《分析法》（该文首次出现在威廉·琼斯1711年编辑的一本论文集中），在其中含沙射影地说牛顿的流数法其实就是他的微分学，只不过使用了一套不同的符号而已。在其后几年中，这一事件急剧演变为一系列激烈的争论，内容涉及神学、形而上学、自然哲学和数学。

在与莱布尼茨纠缠不断的时候，牛顿和极具天赋的普拉米安天文学讲座教授罗杰·科茨合作再版《原理》。从17世纪90年代早期开始，牛顿就时不时修改他的杰作。1709年他与科茨合作之后，科茨便鼓动牛顿对《原理》尤其是对第二卷做出更加彻底的改动。1713年早期，牛顿完成了给《原理》撰写的《总释》。在《总释》中，牛顿痛斥了涡旋"假说"，继续断言彗星有着补给作用，而且宇宙的整个井然有序的结构证明世界是由一位睿智的全能之神创造的。他写道，这一灵性的神明"作为万有之主"统治着辖下的仆人。上帝无处不在，无时不在，"实实在在地"存在着，但并不受限于影响物体的一般现象。通过类推，人们是能够了解上帝的一些属性的。牛顿回到他以前在《论重力》中所做的分析，声称上帝"浑身是眼，浑身是耳，浑身是脑，浑身是臂，拥有洞察、理解与行动的一切能力"，但其运作"方式绝不同于人类的运作方式……绝不是物质的，是我们完全不了解的"。

在最后一刻，牛顿指出探讨上帝"无疑是实验哲学的分内之事"。在1726年的第三版即最后一版中，牛顿扩大了"实验哲学"的范围，用它来覆盖一切自然哲学。牛顿将上帝的作用扩大到这个程度，实际上是在以他一贯的谨慎作风表达他核心神学信仰的一个方面。在1713年，谁若被发现是一个反三位一体教义者，就会遇到灾难性的打击，就像惠斯顿几年前的遭遇那样。尽管牛顿这样谨慎，当第三版出版的时候，好几个牧师还是有些怀疑《总释》的正统性。

在最后两段中，牛顿又回到了支撑其整个科学事业的两大基础。首先，他宣称观测与经验已经证明了重力的存在，所以没有必要给重力虚构一个假设性的原因。他还谈到了"某种能够渗透并潜藏于一切粗大物体的极其细微的气精"，而凝结、光、电等现象以及我们移动自己身体的那种能力都是由这种气精产生的。不过，牛顿也说这些都不是用几句话就可以解释清楚的，同时我们也没有足够的实验来确定支配这些现象的规律。在这部著作的开头，科茨还于当年春天写了一份很有帮助的前言。在前言中，科茨将所有相信单凭思想就可推导出宇宙体系的人或者相信上帝创造了一个能够完美运作的、不需自由意志或超自然干预的宇宙的人称为“可怜的爬虫动物”。随着与莱布尼茨及其支持者的纠缠不断加深，这段话虽没有指名道姓，但其攻击对象一目了然。

优先权问题

约翰·基尔写了一篇文章，宣称牛顿是创立微积分的第一人。1711年3月，莱布尼茨对此文做出回应，所谓的优先权之争由此全面展开。牛顿此时已经看过了那篇评论《求积术》的“匿名”文章。他帮助对这篇评论很不以为然的基尔起草了一份非常有力的回应，驳斥莱布尼茨关于自己优先创立了微积分的声称，而莱布尼茨在1712年初期也适时做出了回应。不久之后，牛顿收到了莱布尼茨对《分析法》的一份负面评论。他立即着手在皇家学会组织了一个委员会，（按照莱布尼茨的要求）来调查优先权之争的真相。就像对付弗拉姆斯蒂德那样，牛顿组织了一个屈从于自己但对外宣称是中立的委员会，这样的委员会肯定不可能有利于莱布尼茨。牛顿发挥他出色的辩论技能，仔细搜索他的论文和信件（包括约翰·柯林斯所收藏的那几篇论文，琼斯曾将这几篇论文收入他所编的论文集中），寻找证据，向委员会提供了得出结论所需的一切材料。委员会将相关资料收集起来，于1713年年初以《行业信》为名予以发表。

《行业信》从头到尾都对莱布尼茨进行了批判。莱布尼茨做出了匿名回应，并将自己的回应称为“快报”或“飞页”。他还援引一位“渊博数学家”（约翰·伯努利）的话，说牛顿不具有微积分方面的足够知识，因此不能被视为微积分的创立人。就这样，双方在欧洲主要刊物的版面上发起了一场攻击与反击战。牛顿发觉自己的立场表现得还不够充分清楚，就于1715年初发表了自己恣意撰写的对于《行业信》的“说明”。

优先权之争的另一个背景显得同样重要：莱布尼茨当时还担任汉诺威乔治亲王政权的皇家史官一职。1714年夏，安妮女王去世，没有留下子嗣，于是根据1701年制定的《王位继承法》，汉诺威王室的统治者成了英国的君主。牛顿和他的支持者迅速采取行动，让汉诺威王室成员相信牛顿哲学的正确性。牛顿安排向国王的情人演示光学实验，同时国王的一位私人牧师塞缪尔·克拉克也开始做威尔士亲王的妃子、聪颖的卡罗琳公主的工作。可是，在1715年11月，莱布尼茨跟卡罗琳公主说，牛顿学说的信奉者认同洛克的观点，相信灵魂是物质的，而空间是上帝躯体的器官，上帝借助空间观察宇宙中发生的一切。这一指控一定要有所回应才行。这时，牛顿生命最后二十年中最信赖的朋友克拉克自愿请缨来捍卫牛顿的事业。

牛顿并不想在众目睽睽之下卷入这些事情，可是当时的赌注实在太诱人了。1715年，多位外国科学家和天文学家访问伦敦，哈雷和牛顿有选择性地给几位到访者看了牛顿旧得发黄的数学手稿，以证明牛顿在微积分之争中占有优先权。豪克斯比很有才干的继任者让-泰奥菲勒·德萨居利耶也向这些到访者演示了牛顿的关键性实验。此后，法国的哲学家就听说了牛顿关于光与色的那些难以置信的学说是真的。在随后的几年内，牛顿的学说扫过了英吉利海峡：1719年《光学》第二版出版，而法语版也在随后的两年内推出了。

克拉克与莱布尼茨之间的重要通信是通过致卡罗琳公主的信进行的。这些通信涵盖了许多主题，囊括了两大阵营的所有主要分歧。双方互相讽刺，尽量使对方的观点显得滑稽可笑或者缺乏信仰。牛顿密切注视着争论中克拉克这边的情况。虽然牛顿并没亲笔为克拉克起草信件，但克拉克信中的内容与牛顿的观点完全一致。从1716年年初起直到同年11月莱布尼茨去世，莱布尼茨总共与克拉克通过十封信，在其中对牛顿学说的信奉者提出了一系列指控：牛顿学说的信奉者让空间成了上帝躯体的一部分；他们认为上帝创造的这个世界很不完善，所以上帝不得不定期进行干预，来修补他这架有缺陷的机器；他们相信上帝的行为完全不受逻辑限制，将上帝变成了一个武断的统治者（从而含蓄地暗示牛顿学说的信奉者敌视乔治一世，渴望詹姆士二世之子的专断统治）；“引力”之说不可理喻，将哲学带回了以前的“黑暗时代”，让机械哲学业已取得的成果付诸东流。

克拉克再次直言不讳地指责莱布尼茨，称其“前定和谐论”否认了自由意志。他还重提科茨的观点，说莱布尼茨的上帝就像一位“遥领地主”，他在一开始创造了一个完美的、像机器一样的世界，然后便对这个世界撒手不管，毫不关心。莱布尼茨暗示上帝必然遵从逻辑规律，这样就明显束缚了上帝的能力。依照同样的思维，莱布尼茨显然相信一个人不用辛辛苦苦去做实验，单从逻辑原则就可得出有关世界的真理。在牛顿和克拉克看来，上帝无所不能，单凭其意志的运作就可自由行事，达成其目标，而这些目标很可能是渺小的凡人（甚至牛顿）无法理解的。应该把引力理解为指称一个在观察基础上得出的真理的“名字”。这个名字要比莱布尼茨提出的那个晦涩难懂、过于形而上的“单子论”可取得多。1716年11月莱布尼茨与世长辞，终于为这场争论画上了一个句号。但令莱布尼茨懊恼尴尬的是，他的“学生”卡罗琳公主在他辞世的时候，似乎转而倾向了牛顿一边的主张。

第十章
马人[①]与其他动物

在其生命的最后十年中，牛顿继续在皇家学会和造币厂履行多项行政职责。然而，他的健康状况越来越不利于他执行这些公务。1725年，在凯瑟琳和约翰·孔杜伊特的劝说下，牛顿搬到肯辛顿地区居住。那里远离伦敦有害的烟雾，气候对健康更为有益。牛顿智力方面的干劲也衰退了，但他每天还会花好几个小时研究预言、教会史和年表。1726年，《原理》第三版出版，由亨利·彭伯顿编辑，不过这一版并没有给第二版增加多少内容。

虽然牛顿的创新能力早已枯竭了，但他依然是全欧洲最卓越的自然哲学家。几十年来，他将自己的弟子安排到荷兰与英国主要大学的最高职位上。在没有机会担任这些职位的时候，他的追随者就通过无数的书籍和系列讲座宣传牛顿的哲学。到18世纪20年代，牛顿的学说体系在英国已取得了至高的统治地位，但在法国，牛顿体系被人完全接受还需要十年之久。除了伏尔泰、弗朗切斯科·阿尔加罗蒂、夏特莱侯爵夫人等人的出色宣传之外，促使法国人接受牛顿学说的还有对秘鲁和拉普兰进行的科学探

① 希腊神话中人首马身的怪物。

测，这次探测证明正如牛顿所断言的那样，地球在两极是扁平的。

牛顿仍在孜孜不倦地探究宗教真理。不过，他变得更加谨慎小心，不愿轻易拿当代事件来解读预言的应验。在18世纪20年代所写的一份手稿中，牛顿将“审判日”最早定在2060年，让那些希望“千禧年”迅速到来的人大为气馁。对于一个相信应该用历史事实解释预言的人来说，以推测为主的未来学没有什么用武之地。牛顿所写的大量关于早期教会历史的手稿都保留了下来，其中许多都写于他与莱布尼茨的争论期间，而且大都与那场争论有关。这些手稿研究了基督教最初的历史。牛顿对喀巴拉主义者、诺斯替教教徒等许多异端群体篡改真正教义的方式产生了兴趣。他发现这些群体用形而上学腐化了教义，“将经文从道德意义扭曲到形而上的意义上去了”。

在孔杜伊特看来，牛顿晚年最重要的著作就是一篇名为《和平提议或趋向和平的教会体制》的论文。基督教的原则要从基督和使徒“明确的话语”中去寻找，而“不应从玄学和哲学”中去寻找。而且现在看来，这些原则也不见得非要在《圣经》中才能找到。各个民族原先都只有同一个宗教，这个宗教的基本戒律是：

> 要信仰一位上帝，不得转让对他的崇拜，也不得亵渎他的名字。要戒绝谋杀、偷盗、通奸以及一切伤害。不得食肉，不得喝活的动物的血，甚至连残忍的牲畜都应善待。要在一切城市与社会中建立正义法庭，将这些律法付诸实施。

毕达哥拉斯、苏格拉底、孔子等人掌握了这种知识。后来，这种知识渐渐成了异教徒的道德哲学，成了“各民族的道德律”——尽管这些民族大都转向了偶像崇拜。

偶像崇拜违反了牛顿眼中伟大戒律的第一条：要崇拜、尊敬上帝。我们不可将给上帝的崇拜让给其他的创造物，“也不可将任何荒谬或矛盾之事归因于上帝的本性或行动，以免我们亵渎或否认上帝，或者向无神论或反宗教跨近一步”。欲望和骄傲——“对女人、财富和荣誉的过度渴望以及娇气、贪求和野心”——是违反第二大戒律的最恶劣的两大罪行。实践正义、推己及人、爱邻如己，这便是“仁爱”。这样，基督教就给人们新加了一项义务——善待他人。不过，就像弗拉姆斯蒂德所指出的那样，并非人人都同意牛顿在自己的生活中曾体现过善待他人的品德。

至于基督教团体，牛顿声称所有受过洗礼的人，即使不属于哪个具体的教会或教派，也都是基督身体的一部分或“教会”的成员。人们在受洗之后应该研习预言，对比《旧约》与《新约》，“相互教导温顺和慈善的美德，不将个人见解强加于对方，也不因个人见解而争吵”，如此便能在神恩的沐浴下成长。在英格兰教会中，人们通过按手礼被纳入教会。如果他们违反了某条他们受洗时宣布遵从的信条，就会被逐出教会，但这并不会取消他们通过受洗而被赋予的那个更大教会的成员资格。终其一生，牛顿虽然轻视英国国教的许多教条，但仍能公开表白对国教的信仰。对于像他这样属于少数蒙选者的人而言，个人内心的宗教信仰才是最重要的。

在其最后的岁月中，牛顿还花了许多时间专心研究年表。在牛顿之前的几个世纪中，确定古代历史事件的时间以及根据神话即历史观来协调不同民族的历史和系谱都曾吸引了新教国家和天主教国家中顶尖学者的注意。虽然《旧约》是古代历史最古老、最真实的来源，但历史学家还是使用各种技巧来调和《旧约》和异教徒的历史，因为异教徒的历史有时也会涉及《旧约》中记载的同一历史事件。从16世纪晚期起，历史学家便开始利用天文学技巧来帮助他们更为准确地确定具体的历史事件。

牛顿对年表的广泛钻研表明他对古典文学和《旧约》拥有渊博的知识。牛顿试图从根本上重新确定有记录的历史的日期，缩短有记录的历史的长度。他采用了非常新颖的、基于日食与月食的证据，采取了一种极端的论点：历史上诸王统治的平均期限是十八到二十年。除了他所敬仰的希罗多德的记载之外，牛顿谴责了其他所有异教徒的历史，认为其中所载的系谱过于膨胀。

早在17世纪80年代，牛顿就已致力于精确测定基督教以前的记录的年代，但他的大部分年表著作则写于18世纪早期，即他担任造币厂厂长的时候。他的年表的一份《概要》最初是以法文翻译的形式出现的。这份《概要》的英文原稿是他多年前托付威尼斯伯爵安东尼奥·康蒂转给卡罗琳公主的。法文《概要》的面世让牛顿大为恼火。紧接着，对《概要》核心论点的驳斥纷至沓来，其中法国大学者尼古拉斯·弗里莱特和艾蒂安·苏西耶的批驳显得尤其突出。牛顿利用其生命的最后几年，撰写了一部篇幅比《概要》长得多的年表著作。这部著作于1728年出版，名为

《修订版古王国年表》，不过这已是牛顿去世之后的事了。

牛顿年表体系的核心是确定阿尔戈英雄远航的年代。在那期间，天文学家马人喀戎[①]和穆赛欧斯（俄耳甫斯的老师，他自己也是一位阿尔戈英雄）曾制作了一个“天球”，在上面画出了那时可以观察到的星座。牛顿利用骇人听闻、晦涩难懂的证据确定了喀戎在天球上安置二分点的位置，将其与《原理》中提出的周年分点岁差进行对比，得出那次探险的年代应在公元前936—公元前937年左右。对牛顿的年代考据事业至关重要的是，他同意犹太历史学家约瑟夫斯（希罗多德的追随者）的观点，认为埃及法老塞索斯特里与塞撒克是同一人。这个法老就是在所罗门死后摧毁了圣殿的那个埃及王——《列王纪上》记载了他对朱迪亚地区的入侵。塞索斯特里（即欧西里斯或巴克斯）在阿尔戈英雄远航之前的那一代盛极一时，这一事实让牛顿得以将埃及历史记录的时代与《旧约》中的事实记载联系起来。

文明的诞生

按照牛顿的观点，在远古时代，无数民族曾像诺亚（或萨杜恩）的子孙被分开那样被分散到各地。某一帝国特有的传统会用不同的名字称呼他们的祖先，但其叙述的在本质上是同一段历史。诺亚的儿子及其后裔生活在白银时代，遵行原始的诺亚七律[②]，在世界各地繁衍不息。虽然这些事件过于古老，无法确定其

① 希腊神话中一位博学多智、多才多艺的马人。

② 指上帝授予亚当和诺亚的七条普适律法。

具体年代日期，但牛顿还是动情地描述了最早时期出现在欧洲的生命形式。从那之后，文明便以农业、啤酒、货币和战争等外部形式出现了。在一篇题为《古王国起源考》的文章的手稿中，牛顿发展了他在17世纪80年代的发现，再次断言崇拜的最初形式要求古人实践维斯太式的崇拜，只不过这些崇拜形式到后来都降格为偶像崇拜了。例如，埃及人误解了他们象形文字的含义，他们的宗教也就降格为崇拜动物的滑稽教条，降格为相信灵魂轮回的可笑信仰了。

面对从海峡对岸纷至沓来的对其年表体系的攻击，牛顿急于做出回应。在其生命的最后两年中，他一直在改进他的《年表》。实际上，虽然《年表》只在他死后才得以出版，但这部著作的各章他都写过不止一稿。在最终出版的时候，他那伟大工程中更有趣、更激进的元素消失了，只剩下一个记载连续事件的卡片清单。在其生命的最后几个月中，牛顿显然努力想过一种理想的生活，一种他清楚说过的好基督徒应该过的生活。不过，他的愤怒和击溃对手的欲望偶尔还会冒出来。他向亲戚和陌生人施与了相当数量的金钱，还组织了捐献《圣经》的活动。正如我们在本书开头看到的，孔杜伊特夫妇都回忆起牛顿非常憎恨迫害和虐待动物的行为。

1727年春，牛顿与世长辞。那时，他的声誉和成就让有史以来所有的自然哲学家都相形见绌。时至今日，他的声名也几乎未见消退。就自身的科学成就超越同代人的程度而言，牛顿应该超越了达尔文、爱因斯坦等科学史上的英豪。近三百年来，牛顿的

图17　伊诺克·西曼1726年所画的牛顿像

私人生活和“其他的”学术兴趣一直令人入迷。民意调查显示，全世界大部分人依然将牛顿视为世所仅见的最伟大的睿智之士。

牛顿在不同的工作领域会采用不同的方法，这并不是说他不同部分的智力研究之间没有联系或连贯性。虽然牛顿的神学研究只能是一项个人事业，但他却将其视为自己生活的主轴。《圣经》的语言和意义（还有《圣经》中提到的他在历史中的作用）对他的行为起着无出其右的支配作用。虽然我们更应该敬佩他在光学、物理和数学上的杰出成就及其体现出的惊人勇气、想象力和原创性，但是我们也应尊重他那有些书本气的强烈的信仰。孔杜伊特在努力完成自己的牛顿"全传"的过程中，差点儿提出了这样一个危险的宣称：牛顿的品质使他超越了人类。在哈雷看来，牛顿虽然不是神，但有理由认为没有人曾经像牛顿那样接近过神。

译名对照表

A

aether 以太
air 空气
air-pumps 真空泵
alchemy 炼金术
Algarotti, Francesco 弗朗切斯科·阿尔加罗蒂
algebra 代数(学)
Anglican church 英国国教
animals 动物
Anne, Queen 安妮女王
anti-trinitarianism 反三位一体教义
Apollonius 阿波罗尼奥斯
apostasy 叛教
Aristotle 亚里士多德
Arius 阿里乌斯
Aston, Francis 弗朗西斯·阿斯顿
astrology, judicial 决疑占星学
astronomy 天文学
Athanasius 亚大纳西
atheism 无神论
atoms 原子
attraction 引力
Ayscough, William 威廉·艾斯库

B

Babington, Humphrey 汉弗莱·巴宾顿
Bacon, Francis 弗朗西斯·培根
Bank of England 英格兰银行
Barrow, Isaac 艾萨克·巴罗
Bate, John 约翰·巴特
Bentley, Richard 理查德·本特利
Bernoulli, Johann 约翰·伯努利
Bible《圣经》
Biot, Jean-Baptiste 让-巴蒂斯特·比奥
Book of Revelation《启示录》
Boyle, Robert 罗伯特·波义耳
Brewster, David 戴维·布鲁斯特
Burnet, Thomas 托马斯·伯内特

C

Cabbalists 喀巴拉主义者
calculus 微积分
Cambridge University 剑桥大学
Caroline, Princess 卡罗琳公主
Catholics and Catholic Church 天主教徒和天主教会
centrifugal force 离心力
centripetal attraction 向心引力
Chaloner, William 威廉·查洛纳

H

I

J

K

L

W

Y

Z

扩展阅读

The study of Newton's life and works has been transformed in recent years by materials made freely available online by the Newton Project (*http://www.newtonproject.ic.ac.uk*). All Newton's theological papers, and the vast bulk of his optical papers will be available by 2010, while it is envisaged that the scientific, mathematical, and administrative papers will follow in due course. The site also includes introductory assessments and articles about Newton and his work as well as a substantial number of other primary resources such as all the major published and unpublished biographical materials on Newton composed in the 18th and 19th centuries. The Chymistry of Isaac Newton project (*http://webapp1.dlib.indiana.edu/newton/index.jsp*) has already placed online many of Newton's alchemical writings and aims to make all of his work in this area available in the next few years.

As mentioned in Chapter 1, the major scholarly biographies written in the last few decades are those of Richard S. Westfall and Frank Manuel; Manuel's *Isaac Newton Historian* (Cambridge, CUP, 1963) remains the best account of Newton's chronological writings.

John Herivel's, *The Background to Newton's Principia* (Oxford, Clarendon Press, 1965) and *Unpublished Papers of Isaac Newton*, ed. A. R. and M. B. Hall (Cambridge, CUP, 1978) reproduce significant *Principia*-related drafts and revisions. Newton's optical Lucasian lectures are reproduced in vol. 1 of Alan Shapiro's projected 3-volume edition of Newton's optical papers (Cambridge, CUP, 1984–), while those without a thorough background in mathematics will be sorely tested by the magnificent edition of Newton's *Mathematical Papers* edited in 8 volumes by D. T. Whiteside (Cambridge, CUP, 1967–1981). Eighteenth and nineteenth century biographical materials on Newton are now available in print, in Rebekah Higgitt, Rob Iliffe and Milo Keynes (eds), *Early Biographies of Isaac Newton, 1660–1885* (2 vols), (Pickering & Chatto, 2006).